숙청
으로 보는
세계사

숙청
으로 보는
세계사

진노 마사후미 지음 | 김선숙 옮김

BM 주식회사 도서출판 성안당

들어가며

이 시점에서 '숙청'을 논하는 이유는 무엇일까?

역사를 세밀하게 분석하려면 반드시 '숙청'이란 논제를 동반해야 한다. 그런데 숙청은 불합리하고 잔인하며 처참한 세계일 뿐, 결코 유쾌한 일이 아니다. 그렇기 때문에 누구나 숙청처럼 불쾌한 주제는 무의식중에 피하려 하기 쉽다.

평화로운 시대에는 숙청에 관한 연구도 하나의 재미로 여길 수 있다. 하지만 외교적으로 험난한 현대 사회에서는 그렇지 못하다. 한 나라의 외교 환경이 악화되었을 때, 그에 대한 미숙한 대응은 국가의 존망과 직결되고, 국민의 고통 또한 무거워진다.

고대 아테네에서는 페리클레스 시대에 민주정을 완성시켜 절정기를 맞이했다. 하지만 이 시기부터 국민은 순식간에 정치에 대한 관심을 잃었다. 그 결과 중우정치(衆愚政治)에 빠졌고 민심을 선동하던 정치인이 통제를 벗어나 제멋대로 날뛰는 바람에 멸망하고 말았다. 번영이 민심을 타락시키고 정치를 부패시킨다는 주장의 전형적인 예이다. 그런데 지금 많은 나라가 이를 그대로 답습하고 있다.

고대 아테네의 전철을 밟지 않기 위해서는 항상 국제 외교 환경을 주시하고 대응해야 하는데 아쉽게도 현대 각국의 외교 감각은 초점에서 벗어나 있는 경우가 많다.

"같은 인간끼리 마음을 터놓고 대화를 하면 분명 서로 이해할 수 있을 거야!"

"대화로", "원만하게", "평화롭게"라니. 이는 비유하자면, 굶주린 늑대에 둘러싸인 숲속에서 늑대에게 대화하자며 만면에 미소를 지으며 다가가는 꼴이다.

모름지기 외교란 그렇게 단순한 차원의 것이 전혀 아니다.

"외교는 불구대천의 원수와 어떻게든 전쟁을 막기 위해 명예와 부, 운명을 걸고 막판에 접점을 모색하는 '무력없는 설전' 혹은 '전초전'이다. 그러니까 한순간이라도 정신을 놓았다가는 엉덩이 털까지 쥐어뜯기고, 자칫 오판하면 외교전에서 패하게 된다."

친구끼리 화해하려고 악수하는 것은 결코 외교가 아니다.

그렇다면 그러한 싸움에서 살아남기 위해서는 어떻게 하면 좋을까 스스로에게 묻게 된다.

"적을 알고 자신을 알면 백전 백승, 백 번을 싸워 백 번을 이길 수 있는 법."

이것이 병법의 기본 중의 기본인데도, 우리는 다른 민족의 특성에 너무나 무지하다.

예를 들어, 중국인은 황인종이기 때문에 비슷한 외양 탓에 속기 쉽지만 그들의 민족성은 오히려 유럽인에 가깝다. 이 점을 이해하지 않고 '같은 동북아시아인'이라고 같은 나라 사람 대하듯 그들을 대한다면 싸우기도 전에 이미 패할 것이다. 험난한 국제 외교의 장에서는 상대의 '민족성'을 아는 것이 급선무이다.

그런데 타국의 민족성을 제대로 이해하기 위해서는 그들의 역사·정치·경제·제도·법률·풍습·전통·언어·문화·풍속·습관·학문·종교 등을 총체적이고 구조적이며 유기적으로 이해해야 한다. 하지만 그 모든 것을 여기서 논하기에는 지면상 불가능하다. 그러므로 이 책은 '숙청'을 주제로 선택했다. 이 주제를 논하다 보면 다른 요소들의 차이도 확연해진다. 예로부터 세계사의 운명을 좌우해 온 중국과 유럽으로 초점을 좁혀서, 그들의 민족성에 접근해 보도록 하자.

숙청의 역사를 풀어헤치면 표면에 떠오르는 사실은 무엇일까?

그들의 민족성, 그리고 그 민족성으로부터 어떤 미래가 도출될 것인가?

이에 대해 어떻게 대응하면 좋을까?

이 책에서 그 힌트를 찾을 수만 있다면, 이 책을 세상에 선보이는 저자로서 더 이상 기쁜 일은 없을 것이다.

2018년 9월

진노 마사후미

차 례

1장 중국의 처참한 숙청사

숙청은 왕조를 안정시키는 안정, 주저한 쪽은 순식간에
처형을 당한다

3장 숙청 괴물의 탄생
중국의 숙청과 유럽 이데올로기가 융합되다

4장 숙청이 남긴 교훈

지식의 습득은 학문의 기본, 지식의 활용은 학문의 종착지이다

서장

역사가 우리에게
남긴 교훈

표면적인 변화에 속아 본질을
오판하지 마라

19세기 패권국은 영국, 20세기 패권국은 미국. 과연 중국에는 21세기 패권국이 될 자격이 있는가!?

🗡 20세기 패권국, 미국의 황혼

19세기의 패권국은 의심의 여지 없이 영국이다.

영국은 산업혁명을 배경으로 일명 '팍스 브리태니커(Pax Britanica)'[*01]라 일컫는 번영을 구가했던 나라이다. 하지만 20세기에 들어서 그토록 강한 세력을 자랑하던 '대영제국'이 제1차 세계대전을 전환점으로 쇠퇴하기 시작했다. 그러자 이 자리를 대신한 것이 미국이다. 20세기는 '미국의 시대'가 되었고, 미국은 '팍스 아메리카나(Pax Americana)'를 구가하게 되었다.

[*01] 고대 로마제국이 평화와 번영을 누렸던 '팍스 로마나(Pax Romana)'에서 따온 말로 19세기 영국의 절정을 나타낸다. 좁은 의미에서는 1850년대부터 1870년대 중반, 넓은 의미에서는 제1차 세계대전까지이다.

그리고 21세기를 맞이한 지금, 21세기를 여는 첫 해에 일어난 '9·11 테러'를 전환점으로 미국도 급속하게 쇠퇴의 길을 걷고 있다.

역사라는 것이 움직이지 않을 때는, 사람들이 아무리 피를 흘리며 혁명을 일으키든 반란을 일으키든 꿈쩍도 하지 않는다. 그런데 일단 움직이기 시작하면 아무리 기존 제도와 구습에 매달리고 목숨을 걸고 이를 지키려 해도 어느 누구도 그 흐름을 막을 수가 없다.

🎓 역사의 법칙 ①

역사는 움직이지 않는 태산과 같아
사람의 힘으로는 아무리 애를 써도 움직이지 않는다.
하지만 일단 움직이기 시작하면
해일처럼 아무리 멈추기를 바란다 해도 멈추지 않는다.

뿐만 아니라 그 속도는 순식간에 탁류가 되어, 인간의 이해가 따라가지 못할 정도로 빠르다. 예컨대 250년이라는 오랜 세월에 걸쳐 단단한 반석처럼 지속되어 온 근세 일본의 에도 막부(江戸幕府)는 도쿠가와 이에야스(德川家康)가 천하를 통일하고 에도(현재의 도쿄)에 수립한 무가정권으로, 도쿠가와 막부라고도 부른다.

당시 두려울 것이 없던 에도 막부가 흑선(黑船, 페리 제독이 이끈 미국의 해군 함대)이 내항한 지 14년 후 정권의 막을 내리게 될 것이라고 당시 누가 상상이나 했겠는가.

영국도 마찬가지이다. 20세기 초반에 대영제국이 50년 후 쇠퇴힐 것이라고 그 누가 예상이나 할 수 있었겠는가. 빠른 속도로 쇠퇴를 향해 달려가는 나라는 그 '사실'을 인정하지 못하고 '과거의 영광'에 매달려 몸부림치기 마련이다.

바로 이럴 때 등장하는 것이 독재자나 이를 선동하는 정치인이다. 그들은 대개 타국을 수탈해 타개책을 찾기 때문에 국민을 부추겨 호전적(好戰的)으로 만든다. 그 결과, 참혹한 전쟁이 벌어지고 나라는 자멸한다.

> **🎓 역사의 법칙 ②**
>
> 국가도 중병에 걸려 수명이 얼마 안 남게 되면 단말마의 비명을 낸다.
> 그것이 독재자나 선동 정치인에 의한 팽창전쟁이다.

원래는 '민중의 지도자'라는 의미였던 '데마고고스(demagogos)'가 선동 정치가라는 의미로 변질된 계기가 된 것은 고대 아테네의 클레온(Cleon) 때문이다.

클레온은 무능한 주제에 온갖 호언장담과 허풍으로 민중을 전쟁에 몰아넣어 고대 아테네를 쇠망의 길로 이끌었던 인물이다. 이것을 현대 미국에 비추어보면 이해하기 쉽다.

현 미국 대통령이 아무런 정치 실적도 없으면서 호언장담으로 국민을 부추기고 호전적인 행동을 반복하는 모습은 바로 클레온 그 자체이다. 후세 사람들은 일반적으로 클레온이나 히틀러처럼 선동 정치인이나 독재자 등 국가의 운명을 파국으로 몰아간 인물, 그들 개인을 공격한다. 하지만 선동 정치인이나 독재자보다 더 나쁜 것은 그들의 본질을 간파하지 못하고, 그들을 지지한 국민이라는 점을 잊지 말아야 한다. 이처럼 '제도적으로는 민주주의이면서 선동 정치인이 나타나 실질적으로 민주정이 기능을 하지 못하는 정치'를 '중우정치'라고 한다.

트럼프 대통령처럼 전형적인 선동 정치인이 나타났다는 것 자체가 미국이 민주주의 말기 증상을 보이고 있다는 사실을 여실히 드러낸다. 개인적으로 21세기에도 미국이 패권국으로 군림할 것이란 생각은 도저히 할 수 없다.

🗡 21세기의 패권국은 중국!?

그렇다면 '20세기의 패권국' 미국을 제치고 '21세기의 패권국'이 될 나라는 어디일까?

요즘 뜨거운 이슈로 떠오른 이 질문에 '중국'을 거론하는 석학들이 많다. 하지만 결론부터 말하자면, 그런 일은 결코 없을 것이라고 필자는 생각한다. 오히려 현실은 중국 또한 '멸망의 길'로 향하고 있기 때문이다.

최근 중국은 댜오위다오·센카쿠 열도 분쟁을 비롯해 남중국해의 제해권을 주장하며 난사군도(南沙諸島)에 인공 섬을 건설해 급속한 영토 팽창주의를 전면에 내세우고 있다. 이를 두고 중국이 미국을 제치고 21세기의 패권국이 될 증거라고 보는 학사들이 많지만 그렇지 않다는 증거를 이 책에서 차차 밝혀 나가겠다.

미국과 마찬가지로 중국도 단지 '전형적인 망국의 길'을 걷고 있고, 최후의 몸부림이 호전적인 형태로 나타났을 뿐이다. 중국은 다시 독재 체제를 강화할 것이 뻔하다.

아니나 다를까, 2018년 3월 중국의 시진핑(習近平) 국가주석은 제13기 전인대*02에서 국가주석의 임기*03를 없앴다. 이에 대해 남의 일처럼 별다른 관심을 보이지 않는 사람이 많은데, 이는 주변국들에 매우 중요한 의미를 갖는다.

🗡 파국의 전주곡

"물에 빠진 사람은 지푸라기라도 잡는다."

평상시에는 절대로 하지 않는 일이라도, 위급한 상황에 처하게 되면 어떠한 짓이든 하고 만다. 마찬가지로 나라가 기울기 시작했을 때, 사태가 타개되기를 원하는 국민들은 평상시에는 거들떠보지도 않던 독재자(혹은 선동 정치인)를 지지하게 된다. 독재자는 국민의 불만을 다른 곳으로 돌리기 위해 그들을 부추겨 전쟁으로 몰아넣는다. 하지만 그 앞에는 파멸만이 기다릴 뿐이다.

19세기에 유럽을 석권한 나폴레옹이 그 전형적인 예이다. 나폴레옹

---

*02 전국인민대표대회 전체회의의 약칭. 중국의 의사결정기관이자 집행기관으로, 연 1회 회의가 소집된다.
*03 이전까지 중국 국가주석의 임기는 최대 2기 연임, 10년까지였다.

은 혼란에 빠진 프랑스에 혜성처럼 나타나 난국을 수습했다. 하지만 그 인기를 이용하여 '제1통령'이라는 지위의 임기를 없애 버렸다. 일단 '종신'이 되자, 그가 '황제'가 되는 데는 그리 많은 시간이 필요 없었다. 그다음 나폴레옹은 자신의 정권을 유지하기 위해 전쟁을 끊임 없이 계속해 나갔다. 그리고 그의 앞에 기다리고 있던 것은 국민을 동반한 파멸이었다.

고대 로마도 마찬가지이다. 로마는 기원전 3세기부터 기원전 2세기까지 지중해 지역을 차례차례로 제압하고 세력을 확장해 나갔다. 하지만 그 번영은 정부를 부패시켰고, 부패는 국가를 기울게 해 기원전 1세기에 '내란의 일세기'라 불릴 정도로 '유사시'와 같은 혼란에 빠졌다.

이때 지배권을 잡은 사람이 장군 루키우스 코르넬리우스 술라(Lucius Cornelius Sulla)이다. 술라는 '통령'이란 권력을 쥐었음에도 더 강한 권한을 지닌 '독재관'이 되었을 뿐만 아니라 그 임기를 없애고 자신을 '종신(終身)'으로 만들었다. 상황이 이렇게 되면, '황제' 출현도 시간문제이다.

이렇게 탄생한 '로마 제국'이 '번영기'를 맞았다고 착각하는 사람도 많지만 사실은 그렇지 않다. '제국'이란 몸(공화국)이 무너져 내리는 과정 가운데 몸 안에 생긴 '고름'에 지나지 않는다. 옆에서 보기에는 힘이 있는 것처럼 보였으나, 로마 제국은 성립에서 멸망까지 국경 지대에서는 전쟁, 지방에시는 빈란, 중잉에서는 내란과 쿠네타가 잇따랐다.

⚔ 망국의 제왕들과 시진핑

다시 현대 중국으로 눈을 돌려보면, 시진핑이 자신의 임기를 없애고 '종신'이 된 것이 얼마나 중요한 사건인지 알 수 있다. 시진핑이 한일은 유럽에서 나폴레옹이나 로마 장군들이 한 일과 똑같다. 고대 중국 역사에도 비슷한 일화가 있는데 주왕(紂王)*04, 양제(煬帝)*05가 이에 해당한다.

중국은 지금 한창 경제발전을 외치고 있다. 하지만 그것도 로마 제국처럼 표면상 명분일 뿐이다. 나폴레옹이 종신 통령의 자리에 올랐을 때도, 카이사르가 종신 독재관의 자리에 올랐을 때도, 또는 주왕이나 양제의 통치도 대외적으로는 힘이 있는 것처럼 보였지만 사실 국가는 위기에 처해 있었다. 지금의 중국 상황도 마찬가지다.

간략하게 살펴보았듯이 독재로 치달은 국가는 호전적이어서 주변국에 싸움을 걸기 마련이다. 주변국들은 앞으로 중국의 움직임을 주시해야 할 것이다. 이에 잘못 대응하면, 로마 제국 또는 나폴레옹 제국의 주변 국가들과 마찬가지로 망국의 길을 걷게 될 테니까 말이다.

---

*04 은(殷)나라 마지막 군주. 고대 중국의 대표적 폭군으로 손꼽혔으나, 최근에는 왕권을 강화하기 위해 전쟁을 일으켜 동방에 대군을 출병시킨 사이 서방에서 은주 혁명이 일어나는 바람에 패망했을 뿐 오히려 명군(名君)이었다는 설도 있다.
*05 양제도 전쟁 준비에 온 힘을 기울인 것으로 유명한 폭군이지만, 최근에는 업적을 재평가받고 있다.

세계 중심 국가에 의해 반복된
피를 피로 씻는 학살과 숙청의 역사

✦ 개인이 지닌 개성과 민족이 지닌 민족성

한 나라에서 상식으로 통하는 일이 다른 나라에서는 몰상식한 일이라고 여겨지는 일은 흔하다. 사람이 제각기 '개성'을 지니고 있는 것처럼 민족도 제각기 '민족성'이라는 것을 지니고 있기 때문이다.

개성이 '타고난 유전자'를 씨실로, '인생의 성장 과정'을 날실로 삼아 구축되는 것처럼, 민족성도 '자연 환경·지형·기후·지하자원 같은 지리적 조건'이 씨실, '정치·경제·사회 등의 역사적 배경'이 날실이 되어 긴 세월에 걸쳐 구축된다.

'세 살 버릇 여든까지 간다'는 속담처럼, '개성'이라는 것은 한 번 확립되면 좀처럼 변하지 않는다. 이처럼 민족성도 한 번 확립되면 수천 년의 시간이 흘러도, 어떤 전란이나 사건을 경험해도 거의 변하지 않는다.

🗡 민족성의 차이를 이해한다

일본은 '섬나라'라는 점이 민족성을 형성하는 데 큰 영향을 미쳤다. 사방이 바다로 둘러싸인 섬나라는 이민족의 침략을 받지 않아 비교적 평화가 오랫동안 계속되는 이점이 있었다.

이 덕에 일본 최초의 문명인 조몬(繩文) 시대는 무려 12,000년이나 계속되었다. 게다가 전란이 일어나더라도 어차피 같은 민족끼리라 처참한 학살은 거의 발생하지 않았다.

하지만 그것은 역으로 문명을 발전시키기 어렵다는 말이기도 하다. 그런데 일본은 섬나라이지만 절묘한 거리에 위치하고 있었기 때문에, 대군이 밀려오기는 어렵지만 문화 교류는 가능했다.*01 그리하여 대륙의 선진 문명을 받아들이면서 독자적인 문명을 지킬 수 있었다.

🎓 역사의 법칙 ③

환경의 차이는 민족성의 차이를 낳고, 민족성의 차이는 혼란을 키우고, 혼란은 문명을 발전시킨다. 따라서 대륙에 위치한 나라는 고도의 문명을 발전시키기 쉽고, 섬나라는 어렵다.

이에 반해 중국과 유럽 국가들은 유라시아 대륙에 위치하고 있어, 양쪽 다 발전 가능성이 풍부했다. 주변의 많은 민족을 지배하에 둘 수 있고, 넓은 옥토를 얻어 부를 누리며 번영을 구가할 수도 있었다.

---

*01 대륙에서 너무 멀리 떨어져 있으면 대륙에서 침략하는 일도 없다. 하지만 대륙의 선진 문명과 교류할 기회도 없기 때문에 문명은 점점 뒤떨어진다.

하지만 역시 이점과 결점은 '표리일체(表裏一體)'이다. 풍부한 재력을 얻으면, 그 재력은 주변 민족이 몹시 탐내는 목표물이 되어 늘 침략을 당하는 입장에 처하게 된다. 그렇게 되면 침략에 대비하기 위해 해자나 성벽을 만들고 병사를 기르는 등 군대를 증강시킬 수밖에 없다. 그러려면 모처럼 얻은 재력도 군사비로 충당하고 그것이 오히려 재정을 압박하는 원인이 되어 결국 쇠약해져 간다.

이와 같이 중국이나 유럽처럼 대륙에 위치한 국가의 국민은 진보된 문명과 풍요로운 삶을 누리더라도 항상 이민족의 침입에 떨어야 하고, 그 공포감으로 인해 군사 대국을 만들 수밖에 없다. 반면 다소 가난하더라도 이민족이 침략할 걱정 없이 평화롭게 살 수 있는 섬나라에서는 필연적으로 전혀 다른 민족성이 길러진다.

✘ 민족성의 보편성

앞서 언급했듯이, '민족성'은 한 번 굳어지면 아무리 시간이 흐르거나 천재지변이 일어나도 변하지 않는 '불변, 불후, 부동'의 존재가 된다.

하지만 근대 이후 세계는 극적인 변화가 일어났다. 유럽은 낡은 정치 체제를 타도하는 각종 혁명을 경험했고, 산업혁명으로 경제와 사회의 모습이 변화되었다. 중국은 20세기 초, 진시황 이후 2,000년 이상 지속된 전통저 '제국' 통치체제를 안전히 버리고 '공회국'으로 탈바꿈했을 뿐만 아니라 이데올로기를 사회주의로 전환했다.

격동의 세월을 거치고도 그들의 '민족성'은 변하지 않았을까?

결론부터 말하면, 그렇다. 중국인들의 본질은 고대부터 현대에 이르기까지 무엇 하나 변하지 않았다.

앞서 말한 대로 민족성은 통치자나 제도, 체제가 바뀌어도 심지어 이데올로기가 바뀌어도 꿈쩍하지 않는다. 몇 번이나 얼굴이 바뀌어도 연기자는 변하지 않는 천극(川劇, 중국의 전통 연극)의 변검(變臉)*02처럼 말이다.

항간에는 이러한 피상적인 변화에 속아 그들의 본질을 잘못 읽는 사람도 많다. 하지만 중국과 유럽에서 오랜 세월 행해졌던 숙청의 역사를 읽어 나가다 보면, 그들이 숨기고 있는 '진짜 얼굴'이 보인다. 이를 통해 중국과 유럽 여러 나라의 미래를 내다볼 수 있을 뿐 아니라 그들의 문명과 문화를 받아들인 나라에 대해서도 더 깊이 이해할 수 있을 것이다.

---

*02 베이징(北京)에서 번성했던 연극이 '경극(京劇)'이라면, 쓰촨(四川)에서 번성했던 연극은 '천극(川劇)'이다. 변검은 천극(川劇) 공연의 한 부분으로 순식간에 가면을 바꾸는 것으로 유명하다.

1장

중국의 처참한 숙청사

숙청은 왕조를 안정시키는 안정제,
주저한 쪽은 순식간에 처형을 당한다

죽이지 않으면 당한다!
중국의 처참한 숙청사는
이렇게 시작된다

⚔ 중국 역대 왕조의 건국 패턴

중국 역대 왕조의 건국 패턴을 살펴보면, 새로운 왕조가 탄생해 건국기에서 안정기로 향하면 반드시 거치는 길이 있다. 바로 '숙청'이다. 목숨을 걸고 자신을 지지해 준, 왕조 성립에 일조한 건국의 일등 공신들을 몰살시키는 것이다. 게다가 대부분은 본인뿐만 아니라 멸족(滅族)*01을 한다.

일본에도 일등 공신들을 몰살시킨 예가 있다.

기나긴 전국(戰國) 시대를 종식시키고 천하를 통일한 도쿠가와 이에야스는 혼다 다다가쓰(本多忠勝), 이이 나오마사(井伊直政), 사카키바라

---

*01 일족을 모조리 몰살시키는 일을 일컫는다. 규모에 따라 '삼족 멸족', '구족 멸족'이 있으며, 그 수는 수천에 이르기도 한다.

야스마사(榊原康政) 등 '도쿠가와 십육신장(德川十六神將, 도쿠가와를 오랜 기간 섬기며 에도 막부 창업에 막대한 공적을 세운 16명의 무장)'을 숙청했고, 메이지 유신을 이룬 메이지 천황도 기도 다카요시(木戶孝允), 이와쿠라 도모미(岩倉具視), 오쿠보 도시미치(大久保利通) 등 유신의 일등 공신들을 거의 대부분 몰살시켰다. 보통 이런 일들이 일어나면 군신의 신뢰 관계가 끊어져 금세 정권이 무너질 것이다. 하지만 중국에서는 반대로 이렇게 하지 않으면 정권이 위태로워진다.

📺 숙청의 논리 ①

중국에서 숙청은 '산고'와 같아서
이를 극복하지 못하면 '번영'은 찾아오지 않는다.

중국의 역사는 '숙청의 역사'라고 해도 과언이 아닐 정도이다. 중국인에게 '숙청'은 공기처럼 당연한 것이라서 숙청에 대한 죄책감이 없다. 그 예로 한평생 나라를 돌며 '인덕(仁德)'을 펼쳤던 공자(孔子)의 경우를 살펴보자.

공자는 중국에서 '성인군자의 대표'로 꼽히는 인물이지만, 그런 그가 노(魯)나라 대사구(大司寇)가 되어 가장 먼저 한 일은 '숙청'이었다. 부임한 지 7일 만에 곧바로 당대 대학자로 이름을 날리던 소정묘(少正卯)*02를 별다른 이유 없이 죽이고, 그 칼로 중신들*03마저 죽였다. 또, 제후회의(제나라의 노나라 연맹)에서 무례한 행동을 했다는 이유로, 고용한 지 얼마 되지 않은 배우와 광대까지 죽이라고 명했다.

이처럼 가혹한 숙청을 태연하게 자행한 공자를 중국에서는 '성인군자'라고 칭송한다. 《논어》에서도 이러한 숙청을 두고 '정치적 수완이 대단하다'고 공자를 칭송한다. 그러나 일본에서 가장 잔인하다고 꼽혔던 인물로 알려진 오다 노부나가(織田信長)는 이와 같지 않았다.

가치관과 국민성이 근원부터 다르다는 사실을 좀 더 구체적인 예를 통해 살펴보도록 하겠다.

⚔ 공신의 힘으로 세운 한나라

공자가 살았던 춘추전국시대를 평정해 중국 역사상 처음으로 천하를 통일한 것이 '진(秦)나라'이다. 하지만 진나라는 불과 15년 만에 멸망하고 말았기 때문에 다음 한(漢)나라가 되어서야 비로소 정권이 안정화됐다. 진나라 말의 혼란 속에서 정적 항우(項羽)를 물리치고 위업을 이룬 한(漢)나라 제1대 황제 유방(劉邦)은 과연 재기 넘치고 우수한 인물이었을까?

---

*02 인망이 높다고 소문난 인물로, 그 문하생의 숫자가 공자보다 많았다고 한다. 공자의 문하생조차도 그의 강의를 들으러 갔을 정도로 공자의 경쟁자 위치에 있었다. 하지만 공자는 취임한 지 7일째 되는 날 그럴싸한 명분도 없이, '소인들의 영웅'이라고 비난하며 소정묘를 죽이고 그 시체를 3일간 궁정에 내걸었다고 한다. 이로 인해 공자의 문하생조차 비난이 잇따랐고 후세의 유학자들 사이에서도 그 시비를 두고 쟁점이 되었을 정도이다.
*03 삼환 집안(노나라의 권력자인 계손(季孫), 숙손(叔孫), 맹손(孟孫)의 세 집안)을 가리킨다.

유방은,

- 본명조차 확인할 수 없는*04 신분이 낮은 농민 출신
- 군사전략에 뛰어나지도, 무용에 출중하지 않은 정치 문외한
- 강한 사람에게는 아부하고, 약한 사람에게는 오만한 태도와 성격
- 여자에게 약하고, 자식에 무정한 성격

한편 항우는,

- 유서 깊은 초나라 장군의 가문 출신
- 병법을 배워 검술과 전투에 능했으며 체구가 훌륭하고 용감한 무장
- 부하를 대할 때에는 때로는 자애롭고 때로는 엄한 성격
- 한 번 반한 여자에게 일편단심

이렇게 비교해 보면 당연히 항우가 천하를 거머쥘 법하지만 실제로 천하를 얻은 것은 재능도 없고 야무지지 못한 유방 쪽이다. 유방 자신도 그 사실을 뼈저리게 알고 있는지 이렇게 말했다고 한다.

"나는 책략(정략이나 전략)에 있어서는 장량(張良, 서한의 개국공신이자 정치가)을 못 따라간다."

작전부대를 지키고 백성을 안정시키는 일(정치·경제)은 소하(蕭何, 전한 고조 때의 명재상)보다 못하다. 군대를 이끌고 승리를 거두는 일(전술)에 있어서는 한신(韓信, 한나라 초의 무장)에 한참 뒤진다.

---

*04 이름 '방(邦)'은 '형님'이란 뜻이고, 별명인 '계(季)'는 '막내'라는 의미이기 때문에, 이름이 후세에 전해지지 않아 난처했던 역사가가 편의적으로 이름을 붙였다는 설이 있다.

하지만 유방에게는 항우에게 없는 재주가 하나 있었다. 바로 '뛰어난 장군들을 이끄는 능력'으로, 유방은 장량, 소하, 한신 등 '서한삼걸(西漢三杰)'을 잘 다루었다. 반면 항우는 범증(范增)이라는 뛰어난 참모가 있었지만, 단 한 사람의 참모조차 잘 다루지 못했다.

즉, 유방이 천하를 얻을 수 있었던 것은 이들 세 공신이 있었기 때문이지, 자신의 재주가 뛰어났기 때문이 아니다. 이들 세 공신들이 유방을 어떻게 도왔는지 그들의 발자취를 따라가 보자.

🗡 장량의 공적

진나라 말기의 혼란기에 반진(反秦) 세력은 초나라 회왕(懷王)의 지휘 하에 결집한다. 그리고 초나라 회왕은 군웅을 앞에 두고 이렇게 선언한다.

"지금부터 진 토벌군을 일으킨다!

제국의 수도 함양(咸陽)에 먼저 입성한 자에게 관중(關中)*05을 주겠다!

그 말을 들은 항우와 유방은 함양에 제일 먼저 입성하려고 다투게 되었는데, 제일 먼저 도착한 유방이 오히려 궁지에 빠진다. 추월당한 항우가 격노해 '그렇다면 힘으로 함양을 탈환해 버리겠다!'며 전쟁 준

---

*05 웨이수이 분지(渭水盆地, 웨이수이 강을 끼고 있는 분지) 일대로, 동쪽으로 함곡관(函谷關), 서쪽으로 룽관(關), 북쪽으로 소관(蕭關), 남쪽으로 무관(武關)이라는 네 관(關)으로 둘러싸여 있었기 때문에 당시는 '관중(關中)'이라고 불렀다.

비를 시작했기 때문이다. 이 사실을 알게 된 유방은 크게 당황했다. 병력 차이가 많이 나 싸워 이길 수 있는 상대가 아니었기 때문이다. 여기서 동분서주하며, 팔면육비(八面六臂)*06의 활약으로 홍문지회(鴻門之會)*07에서 유방의 생명을 구한 것은 삼걸 가운데 한 사람인 장량이었다. 다행히 유방은 목숨만은 건졌지만 약속의 땅 '관중'이 아니라 변방의 땅 '한중(漢中)'으로 좌천*08되었다. 관중의 범위는 막연해서 일반적으로 함양이 위치한 웨이수이 분지를 의미했지만 더 넓게는 진나라가 지배한 지역*09 전체를 가리키는 일도 있었기 때문에, 항우는 '한중도 관중의 일부다'라고 강변해 이렇게 된 것이었다.

당시 이 땅에 들어가기 위해서는 한 사람이 겨우 지나갈 정도로 협소한 잔교*10를 지나야 했다. 그야말로 육지로부터 고립된 섬이어서 이런 곳에 갇혀 있다가는 완전히 중앙 정계에서 분리될 수밖에 없었다. 게다가 항우는 무슨 일이 있어도 유방이 한중에서 나오지 못하도록, 그 출구에 해당하는 관중에 삼진(三秦)이라 불리는 장수 장한(章邯), 사마흔(司馬欣), 동예(董翳)를 파견하여 그를 지키게 했다.

---

*06 여덟 개의 얼굴과 여섯 개의 팔이라는 뜻으로, 뛰어난 능력으로 다방면에 걸쳐 눈부신 수완을 발휘하는 사람을 이르는 말이다.
*07 진나라 말기에 항우와 유방이 함양 쟁탈을 둘러싸고 홍문에서 벌인 회동을 가리킨다.
*08 이때 유방이 한중에 보내진 것이 '좌천'이란 단어의 어원이 되었다고 한다.
*09 진나라의 지배 지역은 시대에 따라 변동이 있지만, 대략 관중·한중·파촉(현 쓰촨성) 주변을 가리킨다.
*10 수직으로 깎아지른 절벽에 말뚝을 박고 이를 받히는 판지를 걸쳐 신빈처럼 튀어 나와 있는 다리로, 난간이 붙어 있으면 그나마 괜찮은 편이었고 판자가 금방이라도 무너질 것처럼 허술한 곳이 많았다고 한다.

이때 유방의 나이는 이미 51세.[11] 이미 노장이 되어 버린 그의 앞에는 수만 척 높이의 산이 솟아 있고, 뒤에는 천 리나 되는 깊은 골짜기가 둘러쳐진 땅 끝에 갇혀서, 이제 누가 봐도 천하를 차지하기란 절망적인 상황이었다.

🗡 한신의 활약

이 곤경을 한탄한 것은 유방뿐만이 아니었다.

맨 밑에 있는 병졸까지 절망한 나머지 '이런 곳에서 썩어야 하냐!'며 마치 침몰해 가는 배에서 도망치는 쥐떼처럼 탈영병이 줄을 이었기 때문에 조직은 붕괴 조짐을 보였다. 이를 소하와 역이기(酈食其) 같은 측근이 필사적으로 막아야 하는, 바야흐로 위기의 시대를 맞았다.

하지만,

매화가 아름다운 것은 매서운 겨울 추위에 견뎠기 때문이고,

단풍잎이 새빨갛게 물드는 것은 서리를 견뎠기 때문이다.[12]

바로 이러한 시기에 유방은 백만의 정예군을 능가하는 국토무쌍(國土無雙)[13]을 얻는데, 그 사람이 바로 한신이다. 한신은 지혜와 언변으로 금세 하후영(夏侯嬰)과 소하(蕭何)를 감복시켰고, 그들의 추대를 받아

---

*11 기원전 256년생인 경우. 247년생이라면 42세.
*12 메이지유신을 성공으로 이끈 유신삼걸 중 한 사람인 사이고 다카모리의 말로, '시련을 극복한 자만이 영광스런 날을 맞을 수 있다' 는 의미이다.
*13 '전국 곳곳을 찾아도 이에 비교할 수 없을 만큼 뛰어난 인물'이라는 뜻. 원래 한신을 가리키는 말이다.

한나라에 들어온 지 3개월도 안 돼 '대장군' 지위에까지 오른다.

역사의 법칙 ④

기회가 오기 전에 반드시 위기가 찾아온다.
그 위기를 활용하고 극복한 자만이 기회를 거머쥘 수 있다.

대장군은 전군을 통솔하는 최고 사령관이니만큼 아직 아무런 실적도 없는 자를 이런 자리에 발탁하자 고참들의 반발도 심했다. 하지만 유방은 변방에 머물며 사기가 떨어진 장병들을 엄격한 군율과 훈련으로 금세 일사불란한 정예부대로 거듭나게 하자 고참들도 이 인사를 인정하게 된다. 한신은 만반의 준비를 하고 드디어 항우를 치기 위해 동쪽 정벌에 착수했다.

유방은 자오도(子午道)를 지나 입촉(入蜀)했으나 한신은 자못 같은 길을 따라 진군하는 것처럼 가장하면서 본부대는 진창도(陳倉道)로 진군*14했기 때문에 허를 찔린 산관은 어이없이 함락되었다. 하지만 이것은 이제 겨우 문을 연 힘겨운 시작일 뿐, 대기하고 있던 장한(옹왕)·동예(적왕)·사마흔(새왕) 같은 삼진을 쓰러뜨리기는 쉽지 않은 일이었다.

정벌이 순조롭게 진척되지 않고 조금이라도 난전이 되면 순식간에 삼진이 결속하고 그 사이에 초나라 지원군이 달려온다. 그렇게 되면

---

*14 당시는 아직 진창도(陳倉道)가 닦여 있지 않아 도저히 군대가 통과할 수 없다고 생각했다. 참고로 이 전술은 나중에 제갈량이 제1차 북벌을 수행할 때 이용했다(포징도로를 지나는 것으로 가장하고 본부대는 관산도를 진군). 또한 제2차 북벌에서 제갈량이 다닌 길도 이 진창도다.

한군이 패주할 게 분명했다. 하지만 한신은 단련된 정예부대를 수족처럼 움직여 적이 결속할 틈도 주지 않고 순식간에 평정해 버린다.

⚔ 유방의 폭주와 재능 있는 신하의 뒷수습

그 후, 장량은 인접한 서위의 조표(曹豹)와 허난의 신양(申陽)을 세 치 혓바닥으로 구슬렸다. 이렇게 해서 유방이 거병한 지 6개월 만에 천하는 초나라와 한나라로 양분되었다.

이 기세에 우쭐해진 유방은 이대로 단숨에 항우를 토벌하겠다고 나섰다. 지금껏 전투를 성공으로 이끌어 온 장량과 한신마저 지금은 그럴 때가 아니라고 조언했으나 그들의 말에 귀를 기울이지 않았다. 그뿐 아니라 반대의 기색을 보이는 대장군 한신을 경질하고 억지로 동쪽 정벌에 나서게 한다.

그 결과, 56만 대군으로 적의 기지 팽성(彭城)을 습격하지만, 겨우 3만 정도밖에 되지 않는 항우 군대에 대패하고 만다. 이 팽성 전투에서 유방은 죽을 위기까지 겪으며 간신히 살아남았다.*15 그리고 형양(滎陽)도 금세 항우군에 포위되어 궁지에 몰리는데, 이 궁지에서 또다시 유방을 구해 준 자가 한신이었다.

하지만 전세는 첩첩산중이 되어 재난이 지나자마자 다른 재난이 닥

---

*15 《사기(史記)》《한서(漢書)》에 따르면, 마차를 타고 항우를 피해 달아나던 유방은 적이 뒤에서 바짝 추격해 오자 자신의 두 아이를 마차 밖으로 떨어뜨리고 자신만 살려고 했다. 그게 바로 이때 일이다.

쳤다. 이번에는 팽성의 패전을 계기로 서위가 반기를 들었기 때문에, 한신은 북벌을 감행하지 않을 수 없었다. 서위를 치는 것을 시작으로 그대로 북상하여 대(代)나라를 함락하고, 조(趙)나라를 '배수진'으로 삼아 연(燕)나라를 항복시켰으며 제(齊)나라를 지배하에 둔다. 한신의 북벌은 진격을 거듭했으나, 한편 한신이 없는 형양은 위기에 봉착한다.

하지만 전선에서는 장량과 진평이 계략을 꾸미고, 중앙(관중)에서는 소하가 부대의 전투력을 모으는 한편 초(楚)나라 군 후방에서는 팽월이 초나라의 전투력을 흩어 놓는 등 가신이 모두 한 몸이 되어 유방을 도우며 어떻게든 그들이 가진 영향력을 지키려 한다.[16]

그 결과, 항우는 서쪽(한나라)으로는 유방, 북쪽(제나라)으로는 한신에게 협공당하는 형태가 되어 드디어 패주하기 시작한다. 거점인 팽성이 함락되고, 해하(垓下)까지는 무사히 달아났으나 여기서 포위되어(사면초가) 마침내 오강(烏江)에서 항우가 자결한 것은 다들 알고 있을 테니 여기서는 이 정도만 다루겠다.

✒ 한신의 말로

앞서 간략하게 살펴본 것처럼 유방의 천하는 모두 소하·장량·한신 등 삼걸을 중심으로 공신들이 노력한 결실이다. 그동안 유방이 한 일이라고는 때로는 당황하고, 때로는 분노하고, 때로는 안도했을 뿐 특

---

*16 정확하게 말하면, 형양은 일시적으로 함락되었으나 곧 탈환했다.

별히 한 일이 없다. 어느 쪽이냐 하면 오히려 공신들의 발목을 잡을 때가 더 많았을 정도이다.

하지만 이렇게 많은 공신 덕에 천하를 얻었음에도 불구하고 천하를 장악하자마자 유방이 한 일은 공을 세운 '공신의 숙청'이었다. 유방이 먼저 주목한 것은 삼걸 중에서도 가장 큰 공적을 세운 한신이었다.

한신은 초한 전쟁 중에 제왕(齊王)의 지위를 얻었으나, 먼저 그를 제왕에서 초왕(楚王)으로 바꾸었다. 초나라는 항우의 근거지이자 한신의 고향이기도 했으니, 명목상은 '영전(榮轉)'이었다. 하지만 초나라는 군사적으로나 경제적으로 제나라보다 뒤떨어져 있었기 때문에 실질적으로는 '좌천'이었다.

사실 이와 비슷한 일은 일본에서도 있었다. 보기 좋게 천하를 수중에 넣은 도요토미 히데요시(豊臣秀吉)는 도쿠가와 이에야스가 두려워, 그의 부임지를 본거지였던 동해오주에서 관동팔주*¹⁷로 교체하라고 명한다. 이 역시 한신 때와 마찬가지로 겉으로는 영전이었으나, 실제로는 중앙에서 멀리 떼놓기 위한 좌천이었다.

그런데 이후의 일을 살펴보면 일본과 중국의 민족성 차이가 여실히 드러난다. 그 이상 압력을 가하지 않은 도요토미 때문에 도쿠가와 이에야스는 새로운 영지에서 거듭날 각오를 다질 수 있었다. 하지만 유방은 견제의 손을 늦추지 않았다. 유방은 한신에게 엉뚱한 모반 혐의

---

*17 동해오주(東海五州)는 일본의 미카(아이치현 동부)·도토미·스루가(시즈오카현)·가이(야마나시현)·시나노(나가노현)를 일컫고, 관동팔주(關東八州)는 사가·무사시·우에노·시모노·히타치·시모우사·가즈사·아와(현재의 관동 지방)을 가리킨다.

를 뒤집어씌워 초왕에서 회음후(淮陰侯)*18로 강등시켰다.

"아아! 괴통(蒯通)의 말대로 했어야 했는데……."

한신의 분노와 후회는 이루 말할 수 없었으리라.

📖 숙청의 논리②

공적이 너무나 크면 주군이 두려워하여 죽인다.
이 경우 중국은 본인뿐만 아니라 일족을 모두 몰살(멸족)했다.

사실 여기에 이르기까지 여러 사람*19이 한신에게 이렇게 될 것을 귀띔하며 충고했다. 특히 괴통은 한신에게 유방을 위하여 항우를 공격할 것이 아니라, 중립을 지키고 천하를 초나라·한나라·제나라로 삼분(三分)하여 그중 하나를 차지하라고 설득했다.

"높이 나는 새를 다 잡고 나면 훌륭한 활도 창고에 넣어지고,

교활한 토끼를 다 잡고 나면 사냥개도 잡아먹힌다."

"용맹과 지략으로 주군을 떨게 하는 자는 몸이 위태롭고,

공로가 천하를 뒤덮는 자는 보상이 없다."

"무릇 공이란 이루기는 어려우나 실패하기는 쉽고,

시운이란 얻기는 어려우나 잃기는 쉽다."

중국의 민족성은 '죽느냐 죽이느냐'의 양자택일이다. 대부분의 사람

---

*18 회음(현 강소성 회안시)은 한신이 태어난 고향, 후(侯)는 시사와 같은 식책이다.
*19 초나라의 변사 무섭(武涉), 한신의 측근 (본명은 괴철(蒯徹) 괴통, (鍾離昧)(초나라 장군)종리매 등이 있다.

들은 인정에 호소하면 들어주려 하지만, 중국에서는 호소하는 쪽이 당하게 된다.

홍문지회에서 범증은 지금 유방을 죽이지 않으면, 반드시 후회하게 될 거라고 설득했다. 하지만 항우는 자신의 인정 때문에 엎드려 고개를 숙이는 유방에게 당하고 말았다.

유방이 천하를 손에 넣은 다음에는 늦다며 여러 사람이 한신에게 초나라와 한나라 세력이 대립하고 있는 지금 독립할 것을 권했지만, 한신은 이를 실천에 옮기지 못했다.

"나를 알아주고 품어 준 그를 배신할 수는 없다."

이 말에서 알 수 있듯이, 한신은 인정에 약한 '좋은 사람'이었다. 하지만 안타깝게도 중국에서 '좋은 사람'이 천하를 장악한 예는 없다.

"도대체 누구 덕에 천하를 잡았다고 생각하는 거야?

천하제일의 공로자인 나에 대한 처사가 이거란 말인가!

더 이상 참을 수 없다!"

궁지에 몰린 한신은 정말 모반을 생각하기에 이른다. 하지만 모름지기 음모라는 것은 용의주도한 준비, 신중한 계획, 심사숙고의 교섭, 세심한 주의가 필요하고, 이를 수행할 수 있는 뛰어난 책사가 측근으로 필요하다.

한신은 전술에 능했지만 음모에는 서툴렀기 때문에 그런 일을 수행할 수 있는 모신(謀臣, 모사(謀事)에 뛰어난 신하)이 필요했다. 하지만 이를 담당할 괴통은 이미 한신을 단념하고 떠난 후였다.

물론 한신의 계획은 금세 누출[20]되었고, 그는 즉시 체포되어 그 자리에서 처형되었을 뿐만 아니라 그 삼족이 멸족되었다.

⚔ 팽월의 말로

유방이 항우와의 최종 결전에 임하려고 제후에게 소집을 명했을 때 이에 응하지 않은 장군은 두 사람이었다. 바로 한신과 팽월이다. 팽월 또한 삼걸만큼은 아니라 해도 초한전쟁에서 초나라 군대의 후방 교란에서 활약했고, 유방의 천하통일에 크게 공헌한 장군이다. 이때 두 사람은 출병 조건으로 제각기 '왕'의 지위를 요구했고 이를 얻었기 때문에, 팽월에게 있어 한신의 말로는 '자신의 처지'를 예고하는 듯했을 것이다.

팽월이 불안에 떨던 바로 그때 한 부하가 그에게 앙심을 품고 중앙에 중상모략[21]을 했다. 그 때문에 팽월 역시 한신과 같은 말로를 거쳐 체포되고 처형된 후 가족까지 몰살되었다.

---

*20 유방도 아마 이렇게 될 것을 예견하고 한신 주위에 밀정을 배치했을 것이다. 괴통이 있었으면 이런 일에도 신경을 썼을 테지만 말이다.

*21 "지난 날, 팽월은 꾀병을 부리며 출격을 거절했다. 그리고 얼마 전에는 한신의 죽음을 슬퍼했다. 지금 은밀히 군사를 모으고 있는데 이것을 보면 모반을 꾸미고 있음에 분명하다."

⚔ 경포의 말로

유방은 팽월의 시체를 소금에 절여 각지의 제후들에게 보냈다. 이를 확인한 회남왕 경포(혹은 영포, 黥布)는 두려워 떤다.

"그가 바로 내일의 나의 운명일 텐데."

겁을 먹은 경포는 반기를 들고 유방에게 보복의 화살을 던졌지만,[*22] 실패하고 처남인 장사왕에게 도움을 청하지만 멸족이 두려웠던 장사왕은 경포를 죽여 버린다.

유방은 목숨을 걸고 전장을 뛰어다니며 한나라의 건국을 도운 개국공신 3대 명장을 의심암귀에 빠지도록 유도해 놓고 죽이는 수법을 썼다. 이렇게 해서 기원전 196년 봄에는 한신이, 여름에는 팽월이, 가을에는 경포가 죽었다.

⚔ 노관의 말로

지금까지 봐 온 숙청된 공신들은 모두 유방이 천하통일을 이루는 데 불후의 공적을 세운 자들이지만, 말하자면 직계가 아니고 방계였다. 그 탓에 그들이 아무리 공을 세웠다 해도 유방의 신뢰를 얻기란 무척 어려웠다.

하지만 처참한 숙청은 같은 동네에서 태어나 유방의 죽마고우였던

---

*22 전쟁 중 유방은 화살에 맞았다. 그 상처로 인해 이듬해 유방은 세상을 떠난다.

친구 노관조차 예외가 아니었다. 노관은 유방이 황제가 된 후에도 혼자 황제의 침실에 들어가는 것이 허용된 인물로, 이로 인해 유방이 얼마나 신뢰했는지 엿볼 수 있다. 하지만 그 정도의 절대적인 신뢰도 단하나의 참소로 '모반인'이라는 낙인이 찍히자, 흉노[*23]로 망명당한다. 노관은 이방에서 실의에 빠져 지내다 그해 말에 죽었다.

✒️ 소화의 지혜

유방은 천하를 손에 넣자마자 '이 사람 없이는 천하통일을 이룰 수 없었다'고 높이 평가해야 할 공신들을 차례로 숙청했다. 하지만 모든 공신이 숙청된 것은 아니고, 개중에는 천수를 누린 사람도 있었다. 그 가운데 한 사람이 바로 소하이다.

한신이 모반 혐의를 받고 있다는 것을 알면서도 궁정까지 가서 담담하게 체포되어 처형되고 만 데는 이유가 있었다. 소하가 '몸을 위해서는 입궐하는 편이 낫다'고 조언했기 때문이었다.

앞에서도 언급했듯이, 한신은 장수로서는 국토무쌍이었을지도 모르지만 정치에는 그리 밝지 않아 자신을 거둬 준 소하만은 절대적으로 신뢰하고 있었기 때문에 그의 충고를 따랐다.

"한신은 소하 때문에 살았고, 소하 때문에 죽었다."

그러니 후세 사람들이 이렇게 평하는 것도 무리는 아니다.

[*23] 당시 중국 북방에서 대제국을 건설했던 민족이다.

소하는 이렇게 한신을 함정에 빠뜨렸지만, 다음은 자기 차례라는 것을 알았다. 소하는 유방이 병사를 일으키기 전부터 고향 친구였기 때문에 세록지신(世祿之臣)이라는 점에서는 노관과 비슷한 처지였다.

항상 유방의 수족처럼 일하여 천하를 통일했을 때는 유방이 소하의 공을 첫 번째로 둘 정도였기 때문에 공적의 크기는 한신과 비슷했다.

하지만 노관과 한신이 단 하나의 참소로 유방의 의심을 받아 모든 것을 잃었으니, 신하로서 최고위 자리인 '상국(相國)'[*24]까지 올라간 소하로서는 마음이 평안할 수 없었다.

게다가 '모반인' 한신을 천거한 게 자신인 만큼 그 불안은 클 수밖에 없었다. 그래서 한신의 모반 평정에 공을 세운 소하에게 유방은 식읍 5천 호를 더했으나 소화는 이를 고사했다. 뿐만 아니라 전 재산을 국가에 반납하고 심지어 일부러 악정을 행함으로써 스스로의 평판을 떨어뜨렸다. 유방의 수족인 소하조차도 이렇게 하지 않았다면 자신에게 다가올 화살을 피해갈 수 없었음은 두말할 나위도 없다.

🗡 장량의 지혜

삼걸 가운데 또 한 사람, 장량 또한 숙청을 면했다. 천하통일 후 유방은 친히 그의 공을 칭찬하며 3만 호의 영지를 주겠다고 했으나 장

---

*24 승상(총리) 위에 위치하는 전설의 관직이다. 상설되지 않는 임시직으로 실질적으로 명예직이다. 회사 조직으로 말하자면 사장 위에 있는 '회장' 정도이다.

량은 이를 고사했다.

"저는 전에 폐하와 처음 만난 유(留, 페이현 근교)를 받는 것으로 충분합니다."

장량은 병을 구실로 삼아 은거하며, 중앙에서 떨어져 부임지 유(留)에 틀어박혀 살았다. 이는 '야망이 없음'을 드러내 보임으로써 숙청을 면하기 위한 전략이었다. '삼걸'이라고 불릴 정도로 지대한 공을 세운 장량조차 시골의 추운 마을 하나 받은 게 전부라면 너무나 보잘것없이 느껴지겠지만, 그렇게 하지 않으면 숙청을 피하기는 어려웠을 것이다.

그 후 중앙에서는 유방이 애첩 척부인(戚夫人)[25]의 간언에 넘어가 정실 여후(呂后)의 아들 유영(劉盈, 훗날의 2대 황제)을 폐하고 척부인의 아들인 유여의(劉如意)를 태자로 삼으려 해 후계자 문제가 생기자, 당황한 여후는 유방을 설득하도록 장량에게 간곡히 부탁한다. 하지만 장량 입장에서는 난처한 일이었다.

원래 인간은 공을 세웠으면 그에 걸맞는 보상을 원하는 법이다. 그런데 장량이 보상을 고사하고 시골의 작은 마을에 틀어박힌 것은 모두 숙청을 면하기 위해서였다. 이제 와 후계자 다툼에 휘말리면 모든 노력이 물거품이 된다. 그래서 장량은 여후에게 간단한 조언만 전하고 적당히 얼버무렸고 이 일에 가급적 관여하지 않으려고 노력한 결과, 거우 닌을 피한다.

---

*25 이름은 알 수 없지만, '의(懿)'라는 일설이 있다.

✎ 먹느냐 먹히느냐, 죽이지 않으면 당하는 사회

이처럼 중국에서는 결단을 내리지 못하고 조금만 망설여도 당하게 된다. 항우도 홍문지회에서 유방의 사죄를 받고 마음이 누그러지지 않았다면 목숨을 잃지 않았을 것이고, 한신도 괴통의 충언에 결단을 내렸더라면 천하를 통일했을 가능성조차 있다. 개국공신이면서 살아남을 수 있었던 것은 전 재산을 국고에 반환하고 권력을 반납한 사람뿐이다. 평생 목숨 걸고 온갖 노력을 다한 결과가 고작 이거라면 아쉬울 법도 하지만, 중국에서는 그것이 살아남는 유일한 수단이다.

한신도 야망을 가졌더라면 괴통의 충언에 따라 유방을 죽였어야 했고, 그렇게 하고 싶지 않다면 장량처럼 조심스럽고 검소한 생활로 일관하며 유방이 어떤 트집을 잡아도 엎드려 고개를 숙였어야 했다. 그렇게 하면 지사 정도의 하위 관직에 머물며 조용히 여생을 마쳤을지도 모른다. 어중간한 행동이 도리어 발목을 잡은 셈이다.

왕조를 보호하기 위해 몰아친 숙청은
왕조를 멸하기 위한 숙청으로 돌아온다

🗡 모든 것은 복수극에서……

만년에는 의구심 덩어리가 되어 개국공신과 충신을 무자비하게 숙청했던 유방도 결국 병으로 세상을 떠났다. 드디어 숙청의 폭풍우도 잠잠해졌을까 싶지만 천만의 말씀. 이번에는 유방의 빈자리를 대신해 황후인 여치(呂雉, 여태후)가 고조(유방) 생전의 울분을 풀듯 '숙청 폭풍'의 중심에 선다.

여치는 먼저 남편의 애첩이었던 척부인의 아들 여의를 독살한다. 남편의 젊고 아름다운 애첩에 대한 앙심이 골수에 박힌 여치는 그 후 복수의 화살을 척부인에게 돌렸다. 여치는 척부인을 순순히 죽이는 것만으로는 만족하지 못하고 산 채로 손발을 잘랐을 뿐 아니라 두 눈을 뽑고 귀를 멀게 해서 똥 투성이 돼지우리에 던져 넣고는 인체(人彘,

사람돼지)라고 조롱하며 웃었다. 기분이 좋아진 여치는 며칠 후 자신의 아들인 혜제(惠帝) 유영에게 '인체'를 보여주며 득의 양양하게 자랑한다.

"보시오! 이것이 그 여자의 말로요!"

하지만 마음 여린 황제는 이 추악한 '인체'가 척부인이라는 사실을 알자마자 충격에 몸져누워 버렸다.

🗡 숙청이 숙청을 낳다

그렇게 혜제가 허무하게 죽어 버리자, 여치의 마음을 지배한 것은 '아들을 잃은 슬픔'보다 '자신의 권력이 없어질까 두려워하는 마음'이었다.

중국에서는 어린 황제가 세워지면 그 어머니(태후)가 실권을 쥐었기 때문에 혜제의 죽음은 차기 황제의 어머니에게 실권이 넘어가는 것을 의미했다. 그래서 여치는 후궁(이름은 불명)이 낳은 아들을 혜제 정궁의 양자로 들여 황제로 즉위시킴으로써 권력을 유지하려고 했다.[01]

자신의 권력을 확고히 다지기 위해 중앙에 여씨 일족을 차례로 고위직에 앉힌 뒤, 지방에서는 유씨 제왕을 숙청하고 그 후임에 여씨를 책봉했다. 생전 고조 유방은 '만일 유씨가 아닌 자가 왕이 되면 모두가 힘을 합쳐 그를 죽이라'라는 유훈(遺訓)을 남겼기 때문에 이것은 분

---

[01] 물론 친모는 독살했다.

명히 반역이다. 그럼에도 불구하고 제3대 소제공(少帝恭)이 자신에게 반항하고 있다는 사실을 알고는 즉시 그를 암살해 버린다. 그야말로 자기 기분 내키는 대로 행동하기 시작한 것이다. 한나라 왕실을 여씨에게 빼앗기는 일은 시간문제였지만, 이의를 제기하는 자는 아무도 없었다. 고조가 살아생전 충신들을 모조리 숙청해 버렸기 때문이다.

아직 우승상 왕릉(王陵)과 좌승상 진평(陳平), 태위 주발(周勃)*02이 남아 있었지만 그들에게는 발언권이 없었다. 황태후에게 말대답을 한 왕릉은 순식간에 몰락하고, 진평은 술과 여자에 빠져 난을 피했고, 주발은 태위이면서 군권조차 갖지 못한 허수아비 상태였다. 고조가 가문을 위해 벌인 숙청이 도리어 가문을 멸하는 결과를 낳고 만 것이다.

숙청의 논리 ③

권력을 수중에 넣은 사람은 이에 집착한 나머지 의심암귀에 빠진다.
'죽이지 않으면 죽는다'는 절박감은 숙청을 낳고,
숙청은 또 다른 숙청을 끊임없이 재생산한다.

하지만 여태후가 죽고 나자 상황은 일변했다. 중앙에서는 진평과 주발이 여씨의 감시가 엄한 가운데서도 자주 연락을 주고받으며 뒷수습을 했고, 지방에서는 제왕(유씨 왕)이 반란을 일으켜 단번에 풍운은

---

*02 당시의 관직을 현대의 관직과 비교해 보면, 우승상은 '총리', '좌승상이 '부총리', 태위는 '국방부장관'이다. 참고로 유방은 죽기 직전에 '쇼하와 조참이 죽은 후에는 앙릉에게 맡겨라. 하지만 그는 너무나 우직하니 진평이 보좌하게 하고 그다음은 주발에게 맡겨라'라는 유언을 남겼다.

급반전했다. 이러한 폭풍우를 잠재울 만한 인재가 여씨 일족에는 없었기 때문에 여태후가 죽은 지 불과 2개월 만에 여씨 가문은 멸족하게 되었다.

한나라는 천하통일 후 엄청난 숙청의 폭풍우를 거쳐 문제(文帝)·경제(景帝)의 안정기를 맞았고, 그다음 무제(武帝) 때 절정기를 맞는다.

부모형제의 정도
서슴없이 끊어 버리는 자만이
살아남는 세상

⚔ 진나라와 수나라 말기의 공통점과 차이점

한(漢)나라는 피로 피를 씻는 처참한 숙청을 거쳐 드디어 제국의 안정기를 맞았다. 하지만 이것은 한나라만의 특수한 사례가 아니다. 중국의 역대 왕조 역시 숙청 없이는 안정기를 맞지 못했다.

이윽고 한나라 400년 통일이 무너지자 《삼국지(三國志)》를 통해 익히 알려진 '위진남북조(魏晉南北朝)' 전란 시대를 거쳤다. 그 후 400년 만에 천하를 통일*⁰¹한 것이 수나라이다.

---

*01 한나라가 멸망(220년)하고 나서 수나라가 천하를 통일(589년)하기까지 369년 동안을 가리킨다. 하지만 한나라는 헌제가 즉위했을 때(189년) 이미 실권을 잃어 황제는 꼭두각시나 다름없었으니, 그로부터 따지면 정확하게 400년 동안이다. 이 중 서진이 천하를 통일한 시기(280~301년)가 있긴 하지만, 그동안 내분과 내란이 끊이지 않았기 때문에 전란 시대의 일부로써 '위진남북조' 안에 포함시켰다.

하지만 그 수나라도 안정기를 맞기 전에 무너져 한나라 이후의 장기 집권은 그다음 당(唐)나라 때 이루어졌다. 그렇다면 당나라 또한 안정기를 맞이하기 전에 숙청을 경험했을까? 그렇다.

이연(李淵)은 수나라 말의 혼란을 틈타 공제(恭帝, 수나라 3대 황제)로부터 선양받아 당나라를 세웠다. 하지만 아직 이 시기에는 동쪽의 이밀(李密)과 왕세충(王世充), 서쪽의 설거(薛擧), 북쪽의 유무주(劉武周), 북동쪽의 두건덕(竇建德)과 고개도(高開道), 남쪽의 소선(蕭銑)과 임사홍(林士弘) 등등, 수많은 군웅이 각지에 할거하고 있었기 때문에 이연은 여러 장수를 보내 이들을 토벌해 나간다.

이 시대는 초한전쟁을 방불케 한다. 하지만 이미 살펴보았듯이 그 시절 공을 세운 한신, 팽월, 경포는 모조리 숙청되었다.

그럼 개국 공신들은 숙청당하는 운명이란 뜻일까.

⚔ 비록 혈연지간일지라도……

그런데 이번에는 양상이 조금 다르다. 이 통일 전쟁에서 가장 큰 공을 세운 일등공신은 다름 아닌, 당 고조 이연의 차남 이세민(李世民)이었기 때문이다. 자신의 아들이라면 숙청할 필요가 없다. 그래서 이번에는 숙청이 일어나지 않았는가 하면, 그렇게 물러빠질 리가 없다. 동생의 활약에 위기감을 느낀 것이 이세민의 형, 이건성(李建成)이었다.

"이대로라면 황태자로서의 나의 지위가 위태롭다!"

이건성은 넷째 아들 이원길(李元吉)*02과 공모해 동생 세민을 죽이자고 음모를 꾸민다. 먼저 실행에 옮긴 것은 가장 간단하고 가장 효과적인 참소였다.

이미 보아 온 것처럼 영신(佞臣)*03이 슬그머니 황제의 귓가에 속삭이기만 하면 아무리 오랫동안 섬긴 충신이라 해도, 엄청난 공적을 세운 일등공신이라 해도, 서로 마음을 터놓은 죽마고우라 해도 금세 멸족시켜 버린다.

하지만 이번만은 실패였다. 한나라 때와는 달리 참소의 대상이 자신의 아들이다 보니, 고조 이연은 역시 이를 듣지 않았다. 그래서 이건성과 이원길은 방침을 바꾸었다. 우연히 돌궐이 국경을 침범한 것을 이용하여, 토벌을 구실로 군을 소집하고 이를 이용해 이세민을 죽이려고 계획을 세웠다. 하지만 여러 번 당했던 이세민은 이를 감지하고 선수를 쳤다. 이건성과 이원길이 현무문*04을 통과할 때 이를 기다렸다가 암살해 버린 것이다.

이것이 그 유명한 '현무문의 변'이다.

물론, 숙청이 이대로 끝날 리는 만무하다. 이를 시작으로 그 아들들도 모두 처형하고, 숙청의 폭풍우가 휘몰아치는 가운데 고조는 스스

---

*02 셋째는 이미 요절했다.
*03 간사하고 악한 마음을 품은 신하를 말한다.
*04 궁성을 둘러싼 성벽의 북문. 남쪽에는 주작문, 동쪽으로는 언희문, 서쪽으로는 인복문이 있었다. 이세민은 이 문을 통과할 때 마차에서 내려 무장을 해제해야 하는 점을 노렸다.

로의 생명도 위태로워 이세민에게 제위를 물려주었다. 이렇게 해서 이세민은 제2대 황제(태종)가 되어 정권을 장악한다.

🗡 역사는 승자가 쓴다

앞의 내용이 정사*05 《구당서(舊唐書)》《신당서(新唐書)》의 줄거리인데, 요약하면 다음과 같다.

- 수나라 양제는 희대의 폭군이고, 고조 이연은 평범하고 우유부단했다.
- 이에 반해 태종(이세민)은 명군 중의 명군이었다.
- 전쟁의 승리는 모두 이세민의 공훈이고, 패전은 모두 다른 사람의 책임이다.
- 이건성은 술과 여자를 탐닉했으며 태도는 오만하고 성격은 음험해 이세민을 죽이려고 음모를 꾸몄다. 이 때문에 이세민은 몸을 지키기 위해 이건성을 죽일 수밖에 없었다.
- 이를 안 고조는 스스로 제위를 물려주었다.

하지만 역사는 승자가 쓰는 법이다. 특히 정사(正史)는 왕조의 관리

---

*05 왕조의 정통성을 강조하기 위해 왕조의 명에 의해 편찬된 역사서.

하에 작성하기 때문에 사상을 유도하는 것은 당연하다. 왕조에게 불편한 사실은 모조리 은폐하고, 경우에 따라 날조도 서슴지 않는다.

그런 점에서는 오히려 자유롭게 쓸 수 있는 외사나 사사처럼 정사가 아닌 사서도 신뢰할 수 있다. 예컨대 《자치통감(資治通鑑)》이나 《정관정요(貞觀政要)》에서는 정사와는 상당히 다른 설명이 실려 있음을 확인할 수 있다.

"이건성은 무예가 뛰어나고 전략의 눈도 있는 데다, 관대하고 배려할 줄 알았다."

"측근인 위징이 '이세민을 죽여야 한다'고 여러 번 결단을 촉구해도 이건성은 동생 이세민을 죽이는 것을 주저했다."

현무문의 변 이후 태종(이세민)이 이 일을 힐문하자 위징은 이렇게 유감스러움을 드러냈다.

"전하(이건성)가 내 조언을 받아들여 결단했더라면 결과는 반대였을 것이다!"

한신과 괴통의 관계를 상기할 것도 없다. 중국에서는 학살을 조금이라도 주저하는 자가 죽는다. 이건성 또한 그 전철을 밟게 되었을 뿐이다. 만약 이건성이 좀 더 냉철한 인간이었다면 정사는 '술과 여자를 탐닉했으며 태도는 오만하고 성격은 음험해 음모를 꾸민 것은 이세민이었다'고 전했음에 틀림없다.

⚔ 정의는 반드시 승리한다는 거짓말

중국에서는 신하가 군주를 공경하는 마음을 '충(忠)', 자식이 부모를 공경하는 마음을 '효(孝)', 동생이 형(연장자)을 공경하는 마음을 '제(悌)'라고 한다.

한나라와 당나라의 기조는 '죽이지 않으면 죽는다', '조금이라도 주저하는 자가 죽게 된다'는 면에서 동일했다. 하지만 한나라 시대에는 주로 '충'을 얼마나 냉철하게 버릴 수 있느냐가 운명을 갈랐다. 당나라에서는 여기에 '효', '제'를 더 보태, 피를 나눈 사람까지도 얼마나 가차 없이 끊어 버릴 수 있는지가 전환점이었다.

조금이라도 정에 끌려 망설이면 죽는다. 그리고 싸워 이긴 쪽은 스스로를 '정의'라 부르며 '정통'으로 역사를 쓰고, '덕이 높은 명군'이라 후세에 전하는 것이다.

"정의는 반드시 승리한다!"

이 말을 곧이곧대로 받아들이는 사람도 있으나 이는 속임수에 지나지 않는다. 불행히도 역사를 들여다보면 승리하는 것은 대부분 '악인'이다.

🎓 **역사의 법칙 ⑤**

반드시 정의가 이기지는 않는다.
승리한 사람이 스스로를 '정의'라 위장해 그렇게 보일 뿐이다.

승리를 거둔 자들은 자신을 '정의'라 선전하고, 후세 사람들이 그것을 진실이라 받아들이기 때문에 그렇게 보일 뿐이다.

🗡 날조된 폭군과 명군들

예컨대 중국을 대표하는 '폭군'으로 오랜 세월 그 자리를 지켜 온 것은 '주왕'이다. 하지만 최근의 연구에서는 오히려 그가 명군이었고, 폭군으로 비난을 받게 된 것은 그를 쓰러뜨린 주 왕조가 자기의 정통성을 과시하기 위해 유포한 유언비어 때문이었음이 속속 밝혀지고 있다.

유럽을 대표하는 폭군 네로도 그리스도교인을 박해한 것만으로 후세의 그리스도교 교인들로부터 '폭군'이라 요란하게 비난을 받았다. 사실 네로는 적어도 통치 면에서는 꽤 인기가 있던 명군이었다. 네로가 폭군인 이유를 물으면 어머니 아그리피나를 죽였다느니 아내를 죽였다느니,[06] 몇몇의 정적을 처형했다느니, 올림피아 경기에서 계략을 써서 우승을 차지했다느니, '폭군'이라 부르기에는 너무 하찮은 일화만 든다.

네로를 폭군이라 칭하는 가장 큰 이유는 '그리스도교 교인 박해'이다. 하지만 당시는 그리스도교를 혐오하는 사람이 다수를 차지하고

---

[06] 하지만 어머니를 죽인 것은 정치에 참견하는 어머니를 배척하기 위해서였고, 아내를 죽인 것도 어머니가 억지로 결혼시킨 정략결혼이어서 애정 따윈 처음부터 전혀 없었기 때문이었다. 타당한 이유가 없었던 것도 아닌 데다 원래 이것은 '가정사'이지 정치가로서 '폭군'이란 근거로 보기는 어렵다.

있었다. 그러한 분위기 속에서 그가 로마의 대화재의 원인을 그리스도교 교인에게 덮어씌운 일만으로 '폭군'이라 부르기는 충분하지 않다. 그래서 그를 신랄하게 비판하는 자들은 '원래 방화한 자가 네로이다!', '실은 어머니와 근친상간했다!'는 아무 근거도 없는 소문을 부풀려 네로를 끌어내리려 했다.

하지만 이것은 네로가 죽은 후 갑자기 유럽에 그리스도교 교인이 늘어났기 때문이다. 만약 지금까지 유럽이 로마의 신들을 믿었다면 네로가 '폭군'이라 끌어내려지는 일은 결코 없었을 것이다.

비슷한 예로, 일본에서는 오케하자마(桶狹間) 전투의 패자, 이마가와 요시모토(今川義元)의 평가가 분분하다.

"(이마가와는) 무사인 주제에 이를 검게 물들이고 눈썹을 다듬고 매번 화장을 하는 어리석은 주군이었다. 게다가 뚱뚱하고 다리가 짧아 말도 타지 못해 이동할 때는 항상 가마만 타고 다녔다.

대군을 이끌고 오다 노부나가의 영토에 쳐들어가 적지 한가운데*07에서 태평하게 연회를 즐기다 오다 노부나가의 기습을 받아 살해당한 전국시대 다이묘이다."

하지만 이런 평가는 거의 뜬소문에 지나지 않다. 당시 무사들이 화장을 하거나 가마를 타는 것은 무가의 높은 격식을 나타내기 위함이

---

*07 노부나가의 가신 오타 규이치(太田牛一)가 쓴 《노부나가공기(公記)》에 따르면 오케하자마 전투라 하고, 에도 시대에 많은 각색을 더해 쓴 책 《노부나가기(記)》'에서는 '덴가쿠하자마(田樂狹間)'라고 나와 있다.

지 '어리석음' 때문이 아니었다. 물론 그는 말도 탈 줄 알았다. 오히려 정치·군사 방면으로 뛰어났고 외교·경제에 밝았으며, 잇따라 개혁을 추진한 명군이었지만 몇 가지 불운이 겹쳐 살해당했을 뿐이었다는 설이 유력해지고 있다. 이마가와에게 악평이 붙은 것은 단지 그가 패배했기 때문이다.

주왕이나 네로, 이마가와 요시모토의 예를 통해 동서고금을 막론하고 패자는 승자에 의해 멸시당하고 악인이란 낙인 찍힌다는 것을 알수 있다.

✒ 역사를 읽을 때는 언제나 '승자가 누구인가?'를 염두에 두어라

이 점을 감안하여 현대를 바라보면 하나의 진실이 떠오른다.

일본인들은 전후 70년간 '침략 전쟁을 일으킨 일본이란 악'에 미국이 '정의의 철퇴를 내렸다'고 배웠다. 하지만 누가 승자이고 누가 패자인가를 생각하면 '진실'은 명백하게 드러난다. 역사의 법칙*08 대로 전쟁이 끝나면 승자는 패자를 폄훼하는 유언비어를 흘리고 그것을 널리퍼트리기 마련이다.

이는 왕위를 찬탈한 주왕이 자신의 악행을 숨기기 위해 일부러 주

---

*08 역사의 법칙 ⑤(p.54) 참조.

왕을 '폭군'으로 만들어 낸 것과 같은 구도이다. 후세 사람들이 오랜 세월에 걸쳐 '주왕=폭군'이라고 믿어 온 것처럼 진실된 역사가 어떻게 왜곡되고 변조되어 왔는지를 여기서 논하는 것은 이 책의 주제에서 벗어나기 때문에 다음 기회로 양보하겠다. 하지만 앞으로 우리에게 주어진 사명은 '승리가 날조한 거짓 역사'가 아니라 '진실된 역사'를 가르쳐야 한다는 것이다.

⚔ 적을 모르면 백전백패

다시 이야기를 중국으로 되돌려 보자.

여기까지 중국사를 보면, 중국에서는 오직 '힘만이 정의'이다. 한순간이라도 '의리'나 '인정', '측은지정'에 휩쓸리면 그 틈을 타 말살되는 살벌한 세상이다. 상대가 마음을 터놓는 신하든 관포지교든 죽마고우든 상관없다. 심지어 부모 형제도 예외는 아니다. 상대가 누구든 간에 주저하는 법 없이 죽이고 처형하는 냉혈한만이 살아남을 자격을 갖춘다.

'중국인은 다른 세상에서 살고 있다'고 아무리 설명해도 보통 사람들은 좀처럼 이해하지 못한다.

"다소 가치관의 차이는 있겠지만 같은 인간이고 같은 아시아인이니까 진지하게 터놓고 대화하면 서로 이해할 수 있을 거야!"

이처럼 근거 없는 말을 아무렇지도 않게 말하는 낙관론자는 역사를 모르는 사람이다.

손자는 '적을 알고 나를 알면 백전백승'이라고 말했다. 하지만 이 말을 거꾸로 뒤집으면 '적을 모르면 백전백패'다. 역사를 배우는 자세를 갖추지 않는다면 망국의 역사를 걷게 될 것이다.

숙청을 극복하지 않으면
번영도 없음을 증명한 송나라

🗡 숙청하지 않았던 '송 왕조'

당나라가 붕괴하자 중국은 반세기 동안 15개 소왕국이 난립하는 '오대십국'의 전란 시대를 맞이하는데, 이후 거의 천하를 통일*⁰¹한 것이 북송이다.

북송의 초대 황제는 조광윤(趙匡胤)으로, 사실 그는 중국에서는 이례적으로 왕조 창건 당시 숙청을 행하지 않았던 황제이다. 조광윤은 당나라 말 5대에 걸친 혼란과 숙청의 비참함을 직접 겪었기 때문인지, 왕위에 오른 후 으레 하던 '전 황실 숙청'을 하지 않았다. 뿐만 아니라

---

*01 '거의'라는 표현을 쓴 이유는 북송이 연운 16주(현재의 베이징·다퉁 지역)를 다스린 적이 한 번도 없기 때문이다. 이곳을 병합하지 않고는 엄밀하게 '통일'이라고 볼 수가 없다. 다만 중국 본토에 수도를 둔 왕조는 북송 하나이므로, 일반적으로는 '통일'했다고 인정받는다.

후주의 마지막 황제를 정왕(鄭王)에 봉하고 '후주의 시씨(柴氏) 황족들을 자자손손 비호하라'고 석판에 새겨(석각 유훈) 역대 황제들이 즉위에 임하면 반드시 이를 맹세하게 했을 정도이다.

북송 건국 당시(960년) 주위는 서쪽의 후촉, 남쪽의 남당·남한, 동쪽의 오월, 북쪽으로는 북한(北漢)이라는 십국(十國)*02에 둘러싸여 있었다. 송태조 조광윤은 이를 후촉, 남한, 남당 순으로 병합해 갔다. 하지만 휘하의 장군들이 중국의 '관례'에 따라 학살과 약탈하는 행위를 엄격히 처벌하고 멸한 적국의 군주들조차 숙청하거나 멸족하는 일 없이 각기 태국공, 팽성군공, 위명후로 임명했다.

숙청과 학살, 약탈을 싫어했던 조광윤은 중국 역사에서도 보기 드문 평화주의자로, 이 자체는 칭찬받아 마땅할지도 모른다. 남은 것은 북한과 오월뿐이었다. 천하가 눈앞에 다가오자*03 태조에게는 천하를 얻는 즐거움보다는 통일 이후의 골치 아픈 문제가 더 큰 걱정거리였다. 그 문제는 바로 중신의 정변과 여러 장수의 모반이었다.

지금까지 살펴본 바와 같이 중국은 외적이 있는 동안은 군신이 결속한다. 하지만 외적이 사라지는 순간, 군주는 숙청을 하고, 신하는 정변을 일으키고, 장수는 모반을 꾀해 서로 죽인다. 비록 그럴 생각이 없을지라도 상대가 선수를 치면 끝장이다. 본인이 좋든 싫든 숙청하지 않을 수 없고 모반을 꾸미지 않을 수 없다. 좋고 나쁘고의 문제가

---

*02 이중 이미 다섯 나라는 멸망하고 당시 존재했던 나라는 다섯 나라로, 이때 형남(荊南)을 독립국가로 취급할지에 대해서는 여러 설로 갈라진다.

*03 당시 북한과 오월은 모두 하찮은 세력으로 통일은 시간문제였다.

아니라, 자신이 하지 않으면 당하기 때문이다.

숙청에 성공하면 왕조는 번영기를 맞이하고, 모반이 성공하면 다시 전란 시대로 퇴보한다. 5대까지는 모반이 거듭 승리했으니 만약 이대로 천하통일을 이루면, 그 순간 군주와 신하는 서로 죽이기 시작할 것은 자명했다. 하지만 송태조 조광윤은 그 사태만은 피하고 싶었다.

> **🐗 숙청의 논리 ④**
>
> 외적의 존재만이 숙청을 막는다.
> 그렇기 때문에 숙청을 막고 싶다면 외적을 남겨야 하고,
> 없으면 만들어야 한다.

그래서 그는 굳이 외적(북한·오월)을 멸망시키지 않고 남겨둔 채, 그 상태에서 국내 문제를 해결하려고 했다.

⚔️ 조광윤의 계략

어느 날 태조 조광윤은 계책을 생각해 내고, 여러 장수가 모인 연회 자리에서 한숨을 쉬었다.

"아니, 폐하? 무슨 일 있으십니까?"

태조는 말을 걸어 주기를 기다리고 있다가 이렇게 대답했다.

"음, 최근 잠이 좀 부족하구나."

"무슨 걱정거리라도 있으신지요?"

"황제가 되고 나서부터는 너희가 자는 사람의 목을 언제 베어 갈까 생각하면, 두려워 밤에 잠을 잘 수가 없다."

이 말에 장수들 모두 쓴웃음을 지으며 머리를 조아렸다.

"무슨 그런 농담을 하십니까? 저희는 폐하께 진심으로 충성을 맹세하고 있습니다. 그런 발칙한 인간은 이 자리에 한 사람도 없습니다!"

"지금은 그 마음이 본심인지도 모르지. 그럼, 짐처럼 어느 날 갑자기 어느 가신이 황포를 입을지 알 수 없지 않느냐?"

'황포'는 황제만 소매를 낄 수 있게 허용된 겉옷으로 조광윤 자신도 어느 날 갑자기 가신이 그 옷을 입혀 황제가 되었다.

이 말에는 장수들 모두 웃을 수 없었다.

"그럼 어떻게 해야 우리의 진심을 나타내고, 폐하의 마음을 위로할 수 있겠사옵니까?"

"이미 천하도 진정됐고 앞으로 태평스런 세상이 올 텐데 언제까지 무에 집착할 필요가 있겠는가. 만약 정말로 귀공들에게 야심이 없다면 군을 반납하고 문관으로 산다고 해서 지장이 있을 게 뭔가?

그렇게 되면 귀공들은 지금보다 부귀를 누림은 물론, 자자손손 평안할 터이고 짐 역시 잠을 푹 잘 수 있을 것이다."

이런 말을 듣고도 '군을 반납하지 않겠다'고 대답하면, 흑심이 있는 것으로 보여질 게 당연하다.

중국에서는 주군이 의심하기 시작하면 참소 하나로 어떤 일등공신도 문답무용으로 멸족되어 온 역사가 있기 때문에, '한신'의 전철을 밟는 것이 두려웠던 장수들은 경쟁적으로 군을 반납했다. 이렇게 해서 조광윤은 피를 흘리지 않고 여러 장군의 힘을 없애는 데 성공했다.

🗡 숙청을 하지 않은 왕조의 말로

이 일화는 일본사에서 '판적봉환(版籍奉還)*04', '폐번치현(廃藩置県)*05'에 해당하는 위업일지도 모른다. 그러나 일본에서는 피를 보지 않은 개혁이 열강의 대열에 합류하는 가교 역할을 했지만, 중국에서는 그렇지 않았다.

중국에서는 숙청을 하지 않은 왕조나 숙청에 실패한 왕조는 머지않아 망하거나 살아남아도 약체 왕조가 되었다. 예컨대 곤충이나 갑각류, 파충류는 탈피에 성공하면 현저한 성장이 보장된다. 하지만 탈피에 실패하면 죽음이 기다릴 뿐이다.

중국의 숙청도 이와 비슷하다. 사실 숙청하지 않은 것으로 유명한 황제가 송태조 조광윤 외에 또 한 사람 있다. 후한의 초대 황제 광무제인데, 후한 역시 왕조의 힘이 약해지고 만다. 그렇다면 북송 왕조가

---

*04 판적봉환(版籍奉還) : 1869년 7월 25일 일본의 메이지 시대 초기에 행해진 조치로, 다이묘들이 일본 천황에게 자신들의 '영지(領地)'와 '영민(領民)', 즉 '판적'을 반환하였던 일

*05 폐번치현(廃藩置県) : 1871년 8월 29일에, 이전까지 지방 통치를 담당하였던 번을 폐지하고, 지방 통치 기관을 중앙 정부가 통제하는 부(府)와 현(県)으로 일원화한 행정 개혁

무력해진 까닭은 필연이라고 해야 할까, 아니면 숙청에서 눈을 돌린 왕조의 숙명이라고 해야 할까.

별 것 아닌 충치조차도 치과에 가는 것이 싫다고 피하기만 하면 치통이 점점 심해져 결국은 죽음에 이른다. 이와 마찬가지로 숙청 자체는 처참하고 불쾌한 일이다. 그렇다고 숙청을 피하기만 하면 서서히 비참한 상황이 지속되다 멸망할 뿐이다.

⚔ 물에 빠진 개는 두들겨 패라!

중국에는 '물에 빠진 개는 두들겨 패라'*06는 속담이 있다.

예컨대 《삼국지》에 악역으로 등장하는 동탁(董卓)은 원래 무예가 뛰어났고 의협심도 강해, 공을 세우고 얻은 하사품을 아낌없이 나누어 주었기 때문에 아랫사람들에게 평판이 좋은 인물이었다.

그런 그가 무슨 우연인지 한제(헌제)를 꼭두각시로 세워 실권을 장악하자마자 금세 횡포를 부리는 인물로 바뀌어 버린다. 황실의 보물을 탈취하고, 능묘를 모조리 파헤치고, 자신에게 간언하는 자를 죽이는 일은 시작에 불과했다. 민간인의 재산을 약탈하고 우연히 지나가다가 마을 주민들이 '축제 준비를 하고 있었다'는 이유만으로 그 자리에 있던 남자들을 몰살한 뒤, 여자는 부하에게 하녀나 첩으로 나눠 주는 등

---

*06 여기서 '개'는 광견병에 걸린 개를 가리킨다. '미친개'라고 쓰지 않은 까닭은 '물에 빠진 개'가 물을 찾아 강에 빠진 미친개라고 생각하기 때문이다.

그의 행태는 극악무도하기 이를 데 없었다. 동탁이 이렇게 변한 것도 '지배자 기질'이 그 배경에 있었던 것을 부정하기는 어려울 것이다.

"강자는 약자에 대해 그 어떤 포악한 행위를 해도 상관없다."

이처럼 '강한 자'는 마음대로 권한을 행사하고, '착한 사람'의 도덕이나 윤리·덕행·선행은 짓밟힌다. 약한 자는 그저 농락당하고 불합리하게 생명과 재산, 명예를 빼앗겨도 견딜 수밖에 없다. 반항하면 더심한 일을 당한다는 것을 역사를 통해 체득했기 때문이다.

섣불리 '물에 빠진 개(패자)'를 동정했다가는 그 손을 물려 끌려가다익사당하는(멸망하는) 것이 세상사이다. 이런 사회 속에서 '살아남는 지혜'가 '물에 빠진 개는 두들겨 패라'가 된 것이라면, 더 이상 끔찍하다든가 잔인하다든가 따져야 하는 옳고 그름의 문제는 아니다.

역사의 법칙 ⑥

강자는 문답무용으로 약자를 죽이는 역사가 거듭되면
강한 자가 정의이고 약자는 악하며, 약자에 대한 동정은 쓸데없다는
가치관이 팽배한다.

모두 '돈'으로 해결하려 한 결과……

이러한 점을 감안하여 다시 송 왕조를 살펴보자.

송나라는 무관을 멸시하고 문관을 중요시하는 '문치주의'를 관철시킴으로써 숙청을 피했다. 하지만 그 대가로 뛰어난 인재가 문관에 집

중한 탓에 군부가 약해져 버리는 폐해를 낳았다. '역대 최약체' 왕조가 탄생하고 만 것이다.

'물에 빠진 개는 두들겨 패라'는 가치관이 지배하는 세상 속에서 약체 왕조의 말로는 비참했다. '굶주린 늑대 무리에 던져진 고깃덩어리'나 다름없는 송 왕조는 시종일관 주변국의 침입과 압박에 시달리게 된다. 무력으로 맞붙을 힘이 없는 송나라는 북쪽에서 요나라가 공격해 오자 고개를 숙이고 돈으로 해결했고[07], 서쪽에서 서하가 공격해 오자 이 또한 돈으로 해결했다.[08]

이렇게 해서 송나라는 일시적인 안정[09]을 되찾았지만, 그것은 한족이 '오랑캐'라고 멸시해 오던 민족의 눈치를 살피면서 돈을 지불하고 얻은 평화였다. 이 일이 한족의 자부심을 깊이 손상시켰기 때문에 송 왕조는 진실로부터 눈을 돌리기 위해 변명을 준비할 필요가 생긴다.

"우리가 주변국에 세폐(歲幣)[10]를 지불하는 것은

---

[07] 송나라와 요나라는 전연(澶淵)에서 화약을 체결했다. 이를 전연지맹(澶淵之盟)이라 하는데, 송나라는 요나라에 매년 비단 20만 필(원단 20만 개 분량의 길이, 약 2000km)과 은 10만 냥(4톤)을 제물로 바쳐야 했다.

[08] 경력의 화약(慶曆之和)으로, 비단 13만 필(원단 13만 개분량의 길이, 약 1300km)과 은 5만 냥(2톤), 차 2만 근(1.3톤).

[09] 송나라 최고 전성기를 '경력(慶曆)의 치(治)'라고 불렀다. 송나라의 안정기이자 훗날 쇠퇴의 원인이 된 시대이기도 하다.

[10] 국가가 국가에 지불하는 세금으로, 더 자세하게는 군주가 신하에게 지불하는 '세사(歲賜)', 형이 동생에게 지불하는 '세폐(歲幣)', 신하가 군주에게 지불하는 '세공(歲貢)'으로 구별한다. 그렇기 때문에 엄밀히게는 송나라와 요나라는 '형제의 계약'을 체결했기 때문에 '세폐', 송나라와 서하는 '군신의 계약'을 맺었기 때문에 '세사', 송나라와 금나라는 '신군의 계약'을 맺었기 때문에 '세공'을 주었다.

결코 약하기 때문이 아니다!

어디까지나 위대한 한족이 불쌍하고 미개한 야만인들에게

'은혜'를 베푼 것이다!"

중국은 주변 국가에 지불하는 돈을 은혜로 바꿔 말함으로써 열등감을 감추었다. 이렇게 '이론 무장'으로 발달한 사상은 현실 앞에서 허무할 뿐이었다. 말 그대로 '돈으로 산 평화'는 비싸게 먹혔다. 정기적으로 연을 맺고 '재물'의 증액을 요구해 와 왕조 재정은 순식간에 바닥이 드러났고, 제6대 신종(神宗) 시절에는 결국 재정이 파탄나고 말았다. 황제 신종은 왕안석(王安石)을 등용해 재정개혁을 추진했지만 이마저도 실패해 왕조는 급속히 기울어 갔다.

그때 요(遼)나라를 멸한 금(金)나라가 침입해 와 금세 화베이(華北) 전역이 함락되어 화난(華南)을 지배하는 남송 시대를 맞았다. 게다가 금나라를 멸한 몽고 제국이 남하해 오자 결국 송나라는 멸망하게 된다. 이로 인해 역사상 처음으로 이민족이 중국 전역을 제압한, 한족으로서는 '악몽'이 실현되었다.

조광윤이 눈앞의 '고난(숙청)'을 외면한 결과 왕조는 약해져 한족의 우위를 유지할 수 없는 현실을 낳았다. 하지만 그 현실조차 외면하고 변명으로 일관한 결과, 중국 전역이 오랑캐의 지배하에 놓이는 최악의 사태를 맞게 되었다. 만약 조광윤이 제대로 숙청을 실행했더라면 송나라는 강한 국가가 되었을 것이고, 그 후 중국의…… 아니, 세계의 역사는 크게 바뀌었을 것이다.

빈농 출신이 황제 자리에 오르다!
중국 역사상 최대의 입신 출세담

🗡 중국 역사상 가장 출세한 사람

몽고는 정복 왕조[*01]로서 사상 처음으로 중국 전역을 제패했다. 하지만 모든 능력이 무력에만 특화한 나라였기 때문에, 군사력은 있었으나 통치 면에서는 졸렬했다.

🎓 역사의 법칙 ⑦

능력이 치우친 국가는 그 능력을 발휘할 수 있는 자리가 주어지면 부상하지만, 자리를 잃으면 곧 멸망한다.

능력이 치우친 자는 그 능력을 발휘할 수 있는 환경에 놓이면 절대

[*01] 북방 민족이 옛 땅을 버리지 않고 중국까지 동시에 지배한 왕조를 가리킨다. 이 조건을 충족한 것은 요나라·금나라·원나라·청나라, 네 왕조뿐이다.

적인 힘을 발휘한다. 하지만 환경이 맞지 않게 되면 순식간에 망한다.

그렇기 때문에 몽고(원나라)의 지배는 100년도 가지 못했다. 이들을 다시 북쪽으로 내몬 사람은 주원장(朱元璋)이다. 주원장은 가족이 굶어 죽을 정도로 가난한 농가에서 태어났으나, 탁발승이 되어 겨우 연명하던 궁핍한 생활 속에서 '홍건적의 난'이 일어나자 밥을 먹을 수 있다는 이유로 곽자흥(郭子興) 장군이 이끄는 반란 세력에 합류한다.

중국에서는 '영웅이나 성인은 보통 사람과는 다른 신체적 특징을 갖고 있다'고 여기는 경향이 있다. 예를 들어, 중국의 오제(五帝) 가운데 한 사람인 우순(虞舜)은 중동(重瞳)*02을 가졌고, 주나라 문왕은 사유(四乳)*03, 촉한의 유비는 어깨까지 늘어지는 복귀(福耳)와 무릎 아래까지 닿는 팔, 사마의(司馬懿)는 180도 회전하는 목, 수나라의 문제(文帝)는 뿔과 비늘이 나 있었다고 기록한다.

사실 주원장에게도 '보통 사람과는 다른 신체적 특징'이 있었다.*04 주원장의 얼굴을 본 곽자흥은 '허, 참 이상야릇하구나!' 하고 마음에 들어 하며 자신의 딸(훗날의 마황후)과 결혼시켰다. 계략이 출중한 이선장(李善長)도 주원장을 본 순간 '천하를 제패할 인물'임을 간파했다고 한다.

---

*02 하나의 눈에 눈동자가 두 겹으로 된 눈동자.
*03 유두가 네 개 있는 경우를 말한다.
*04 완곡하게 표현했으나 굉장히 못생긴 추남. 하지만 추남도 도를 넘으면 '보통 사람과는 다른 신체적 특징'이 된다. 주원장의 초상화는 '청초하고 기품 있는 정돈된 용모'와 '얽은 얼굴에 주걱턱을 가진 심술궂고 추악한 용모'로 나뉘는데, 다양한 사료나 기타 정황으로 볼 때 후자에 가까운 것이 분명하다.

어디에서나 마찬가지겠지만, 특히 중국에서는 출세하려면 배경(인맥), 간판, 돈이 중요하다. 그 어느 것도 갖지 못한 주원장이 출세의 발판으로 삼은 무기가 '못생긴 얼굴'이었다는 것은 흥미롭다.

주원장은 곽자흥이 죽자 그 지반을 계승했고, 죽마고우인 서달(徐達), 용맹스러운 장수 상우춘(常遇春), 계략이 출중한 이선장(李善長), 심복 호유용(胡惟庸) 같은 인물들의 활약으로 난징(南京)을 수중에 넣음으로써 군웅으로 급부상했다.

⚔️ 금세의 제갈공명, 유기의 속임수

주원장이 난징을 수중에 넣자, 많은 명망가가 새롭게 그의 휘하에 들어왔는데 그중에 유기(劉基)라는 인물이 있었다. 유기는 주원장을 '우리의 자방(子房)'*05으로 빗대, '금세의 제갈공명(今孔明)'이라고 칭찬받은 책사이다.

이 무렵의 주원장은 서쪽으로 한나라 황제를 자칭하던 진우량(陳友諒), 동쪽에 오왕 장사성(張士誠) 사이에 끼어 위태로운 상황에 처해 있었다. 그런데 진우량의 대군이 쳐들어 오자, 아군은 도망치려는 태도를 보였다. 조정 회의에서조차 '수도 포기론'이 나올 정도였는데 그 가운데에서 단호하게 결전할 것을 외친 자가 바로 유기였다.

---

*05 '자방(子房)'이란 한나라 장량의 자(字)이다. 조조가 순욱(荀彧)을 맞으면서, '우리의 자방을 얻었다!'며 기뻐한 데서 유래한 말이다.

유기는 계책을 생각해 내고, 난징을 점령했을 때 투항한 강무재(康戊才)*06를 불러 이렇게 명령했다.

"강 장군, 그대는 진우량과 아는 사이잖소.

진우량에게 붙겠다는 뜻의 편지를 보내 녀석을 유인하시오!"

이 계략 때문에 복병을 만난 진우량은 큰 타격(강동교 전쟁)을 받고 일시 후퇴하지만, 그로부터 3년 후에 수백 척의 거함과 60만 대군을 이끌고 난창(南昌)에 쳐들어왔다.*07

1363년, 마침내 양측 군대는 파양호(鄱陽湖)*08에서 격돌했다. 주원장 함대는 소형 선박뿐이고 20만 대군을 동원하는 데 그쳐, 적함의 위용을 마주하게 된 병사들은 도망칠 기세였다.

전쟁의 승패를 좌우하는 것은 병사들의 사기이다. 소수의 병력으로 대군을 물리치는 일도 역사에 적지 않으나, 이때의 절대 조건은 병사의 사기가 충천돼 있어야 한다는 것이다. 이 때문에 한때는 주원장의 함대가 위태로워질 정도의 위기에 빠진다. 하지만 이때도 유기가 격려한다.

"조금만 참으면 됩니다! 어차피 적은 원정군이라서 상당히 지쳐 있습니다. 게다가 적함은 떠내려가지 않도록 배와 배를 쇠사슬로

＊06 강무재는 원래 원나라의 도원수였으나, 주원장이 난징에서 승리하자 부대를 이끌고 투항했다.

＊07 이때, 진우량 함대(서군)는 선체를 붉게 칠한 반면 주원장 함대(동군)는 하얗게 칠했기 때문에 홍백 전투가 되었다.

＊08 장시성(江西省) 북부에 있는 호수. 무한에서 장강을 200km 정도 내려간 곳으로 난창에 인접해 있다. 중국 최대의 담수호로, 그 유명한 동정호(洞庭湖)보다 크다.

연결해 놓았습니다.

저래서는 움직일 수 없기 때문에 풍향이 바뀌어 우리 진이 바람 부는 위쪽에 있을 때 적함에 화선(火船)을 돌진시키면 역전할 수 있습니다!"

그의 말대로 전투가 시작된 지 3일째 되던 날 갑자기 풍향이 바뀌어 동북풍이 불었다.

"지금이 바로 기다리던 기회입니다.

준비해 두었던 화선 7척을 적함에 돌진시켜야 합니다."

이렇게 해서 붉은 불길이 삽시간에 진우량의 함선을 에워쌌다. 이 때의 모습을 정사 《명사(明史)》에서는 이렇게 표현하고 있다.

"바람을 타고 불길이 맹렬히 번져 나갔고, 이윽고 검은 연기가 하늘을 뒤덮었다. 호수는 온통 불길에 휩싸였다."

그 와중에 적군의 대장(진우량)이 전사해 주원장은 최대의 위기를 벗어날 수 있었다.

⚔️ '적벽대전'은 파양호 대전을 모티브로 삼았다

이것이 파양호 대전(강동교 전투를 포함)의 전말이다. 그런데 이와 비슷한 이야기가 왠지 낯익다.

- 적의 대군을 앞에 두고 아군이 주눅이 들어 전두를 시작하기노 전부터 항복파가 대다수를 차지한다.

- 유기가 주원장을 설득해 전투를 계속한다.
- 적의 진영으로 거짓 투항하는 장수(강무재)를 보내 적의 대장을 방심시킨다.
- 주 전장은 장강 중류에 인접한 큰 호수 근처였다.
- 적은 거대 함선을 갖춘 대함대와 60만 대군인데 반해, 아군은 소수에 소형 선박밖에 갖추지 못했다.
- 초반에는 고전한다.
- 적함은 서로 쇠사슬로 연결해 선체를 안정시켰다.
- 갑작스럽게 풍향이 변화한다.
- 풍향이 바뀔 때를 기다렸다가 함대에 화선을 돌진시켜 역전한다.

그렇다. 모든 점이 나관중(羅貫中)*09의 《삼국지연의(三國志演義)》에서 등장하는 '적벽대전'과 똑같다.

나관중은 명나라 사람이었기 때문에, 당연히 '파양호 대전'에 대해서도 잘 알고 있었다. 실제 정사 《삼국지》에는 적벽대전에 대한 기술이 너무나 간략해 자세한 경위가 나와 있지 않을 뿐더러 무제기(전염병 때문에 철수)와 오왕전(조조 스스로 방화)과 주유전(방화 계획에 성공)이 서로 모순되어 있다. 그래서 나관중은 주유전의 기술을 채택하고 파양호 대전을 모티브로 전투를 크게 부풀려 손권 역이 주원장, 조조 역이 진우량, 황개 역이 강무재, 주유 역이 유기가 되었다.

---

*09 집필자가 나관중의 스승인 시내암(施耐庵)이라는 설도 있다.

여기에 적의 함대를 쇠사슬로 이은 것은 방통의 '연환지계', 투항한 장수를 믿게 하기 위한 황개의 '고육지계', 풍향을 바꾸기 위한 제갈량의 기도 '차동풍(借東風)' 등의 창작을 버무려 만든 것이 《삼국지연의》가 그리는 '적벽대전'이다.

우리는 '최대의 위기를 극복한 후에는 융성이 시작한다'는 사실[10]을 이미 배웠다. 이렇게 최대의 라이벌 진우량을 물리치고 인생 최대의 위기를 극복한 주원장의 앞길은 크게 열렸다.

남은 장사성 등은 소인에 불과해 주원장의 적이 아니었다. 장사성을 치고 강남을 통일하자 새해가 밝았다. 주원장은 1368년 1월, 연호를 '홍무'로 바꾸고 명나라 황제로 즉위한다. 그리고 몽고 토벌을 위해 북벌을 시작하고 그해에 원나라의 제국(베이징)을 제압해 머지않아 천하통일을 완수했다.

---

*10 역사의 법칙 ④(p.32) 참조.

죽여도 죽여도 10만 명,
열등감이 숙청을 격화시키다!

⚔ 대비열전, 유방과 주원장

홍무제 주원장을 종종 한나라 고조 유방과 비교하기도 한다. 두 사람 모두 출신지가 가까운 데다*01 농민 출신*02이기 때문이다. 중국의 긴 역사상 농민 출신이 통일 황제까지 오른 사람은 이 둘뿐이다.

두 사람은 당연히 '배경(인맥)'도, '간판'도, '돈'도 없었다. 그들이 천하를 다스릴 수 있었던 것은 오로지 공신과 맹장들의 목숨 건 헌신 덕분이다.

성장 과정이 비슷하면 그다음의 전개도 비슷한 것이 필연이다. 두

---

*01 유방의 고향 페이(沛)현에서 주원장의 고향 펑양(鳳陽)은 직선거리로 200km 정도밖에 떨어져 있지 않다.
*02 다만 유방은 먹고살 만한 중농이었던 반면, 주원장은 온 가족이 굶어죽을 정도의 빈농이었다는 차이점이 있다.

사람 다 적남(정실이 낳은 아들)이 너글너글한 인품을 지녔지만, 가신들이 천하를 노릴 정도의 우수한 인재였기 때문에 아들이 가신들을 통제할 수 있을까 걱정할 수밖에 없었다. 그리고 황제도 시간이 흐를수록 늙는다. 자신이 죽은 후 정변이나 반란이 일어나지 않을까 노심초사하던 주원장 또한 유방과 같은 길을 답습한다. '숙청 악마'로 변해 버린 것이다.

🗡 호유용의 옥

그 즈음 공신이었던 호유용(이선장의 사위)이 일체의 정무를 전담하기에 이르렀는데,[03] 독단과 횡포가 눈에 거슬릴 정도가 되고 그의 정적이 된 유기를 독살하자[04] 곧 홍무제의 노여움을 산다.

"네 이놈, 호유용! 내가 너를 신임했다고 우쭐대는 꼴이라니!"

홍무제는 모반을 꾸미고 있다는 혐의를 씌워 호유용을 체포하고 그 가족을 멸해 버리고 만다. 거기에 연좌되어 처형된 사람만도 이선장·송렴(宋濂) 등 공신을 비롯하여 3만여 명에 달했다고 한다.

숙청의 파장은 멈출 줄 모르고 호유용의 파벌 전체에까지 이르렀기 때문에 겁에 질린 사람들은 보신을 위해 서로 밀고를 일삼아 수많은 사람이 증거도 없이 처형되었다. 중세 유럽의 '마녀 사냥'을 방불케

---

*03 좌승상(총리)에 올라, 중서성(행정기관)과 어사대(감찰기관)의 실권을 잡았다.
*04 정사 《명사》에 이렇게 써 있으나 누명일 가능성도 있다.

하는 이 당시 처형된 피해자만 1만 5천 명에 달한다.

홍무제의 다음 목표는 서달이었다. 서달은 죽마고우라는 의미에서는 유방의 번쾌이고, 일등공신이라는 점에서는 소하였다. 게다가 신하로서 최고의 자리(좌승상)에 오른 후에도 오만하지 않아 덕망을 모았으나, 오히려 그것이 홍무제의 눈밖에 나는 요인이 되어 버렸다.

신변의 위험을 느낀 서달은 장량이 그랬던 것처럼 병이 났다는 구실로 은거에 들어간다. 그런데도 홍무제는 계속해 서달의 뒤를 쫓는다. 서달은 황제가 '문안 선물'로 보낸 거위 찜을 먹은 뒤 급사했다. 아마도 독살이었을 것이다.

🗡 이선장의 옥

호유용의 옥은 끝나지 않고, 개국 공신들이 차례로 숙청되어 가는 가운데, 마침내 두 번째 공신이었던 이선장에게도 숙청의 파장이 미친다. 이선장은 호유용과 동향에다 인척 관계였으며, 원래 홍무제에게 호유용을 추천한 것도 그였다. 그렇기 때문에 이선장은 가장 먼저 숙청돼야 할 입장이었다. 그런데도 그때까지 숙청을 면한 것은 마황후가 필사적으로 황제를 만류했기 때문이다. 하지만 유일한 버팀목이었던 마황후가 사망함으로써(1382년) 홍무제는 이선장의 멸족과 함께 1만 5천 명이나 되는 사람들을 연루시켜 처형한다.

⚔️ 남옥의 옥

이선장의 옥이 끝나자 조정도 안정을 되찾는 듯했다. 그런데 공교롭게도 그 직후 황태자 주표(朱標)가 급사한다. 이에 따라 주표의 둘째 아들 주윤문(朱允炆, 후의 제2대 건문제)이 태자로 책봉되었는데, 이때 그는 아직 14세였다.[*05]

중국의 역대 왕조는 어린 황제가 즉위하면 가신[*06]이 황제를 꼭두각시로 삼고 자기 마음대로 권력과 권세를 휘두르는 것이 전통이었다. 주원장은 다시 불안에 시달리다 이번에는 상우춘의 처남인 용장 남옥(藍玉)을 노렸고, 모반 혐의를 빌미로 남옥과 그 가족, 이에 연루된 사람들 2만 명을 숙청했다.

이들 개국 공신을 향해 칼바람을 일으킨 호람(胡藍)의 옥[*07]뿐만 아니라 그 전후로 일어난 관료 숙청 사건인 '공인의 안', '곽환의 안'을 합쳐, 햇수로 18년 동안 무려 10만 명이나 되는 희생자를 낸 피비린내 가득한 숙청[*08]으로 인해 개국공신은 거의 전멸[*09]되었다. 주원장은 그제야 겨우 안심했는지 곧 숨을 거두었다.

[*05] 만 나이로, 우리나라 나이로는 16세이다.
[*06] 때로는 환관, 때로는 외척, 때로는 장군, 때로는 관료 등 때에 따라 달라진다.
[*07] '호유용의 옥', '이선장의 옥', '남옥의 옥'을 통틀어 이르는 말.
[*08] '호유용의 옥'과 '남옥의 옥', '공인의 안'과 '곽환의 안'을 통틀어 '홍무 4대안' 또는 '명초 4대안'이라고 한다.
[*09] 많은 공신 가운데 숙청되지 않고 살아남은 사람은 탕화(湯和)와 경병문(耿炳文), 그리고 곽영(郭英) 정도였다.

✒ 한나라 경제를 본받은 건문제

홍무제가 10만 명 이상의 희생자를 낸 대규모 숙청을 감행한 까닭은 눈에 넣어도 아프지 않을 만큼 귀여운 손자의 제위를 위해서였다. 하지만 불행하게도 홍무제의 소원은 이루어지지 않았다.

홍무제는 젊은 시절 이선장으로부터 "앞으로는 고조를 본으로 삼으십시오. 그러면 천하는 당신의 것이 될 것입니다"라는 말을 듣고, 이후 한나라 고조를 본으로 삼아 천하를 얻었다. 그리고 천하를 얻은 후에도 고조의 시정을 본보기로 삼아 중앙은 집권제(주현제), 지방은 같은 성씨의 왕을 봉한 봉건제로 다스렸다.

이미 보아 왔듯이 한나라는 제6대 경제 때 동성 제왕을 없앤 덕에 제7대 무제 때 절정기를 맞이할 수 있었다.

그래서 건문제는 이렇게 생각한다.

"선황제(홍무제)가 고조를 본으로 삼아 천하를 얻었으니,

나는 경제를 본으로 삼아 이 나라를 발전시켜야겠다!"

유학자 방효유가 부추기기도 해서 그는 차근차근 제왕들의 세력을 정리해 나갔다.

하지만 그렇게 되자 자리를 잃은 제왕들도 가만있지는 않았다. 한나라에서 오왕 유비가 중심이 되어 반기를 들었던(오초칠국의 난) 것처럼, 이번에는 연왕이 중심이 되어 반기를 들었다. 이것이 바로 '정난의 변(靖難之變)'이다.

한편, 건문제도 이렇게 되리라고 예상하고는 있었다. 오초칠국의 난처럼 진압해 버리면 건문제의 영화는 약속된 것이나 마찬가지였으나, 이때 건문제가 치명적인 실수를 저지르고 말았다.

⚔ 한나라 문제를 본받아야 했던 건문제

한나라를 본으로 삼았다면 당연히 그가 본받았어야 할 사람은 경제가 아니라 문제이다.

- 창업기: 초대 고조 → 초대 홍무제
- 숙청기: 고조 만년(+여후의 난) → 홍무제 말년(홍무 4대안)
- 회복기: 5대 문제 → 건문제가 취했어야 할 것은 이 단계
- 개혁기: 6대 경제 → 실제로 건문제가 취한 정책
- 절정기: 7대 무제 → 차세대

한나라는 숙청으로 피폐해진 국력을 회복시키기 위해 문제(文帝)가 한 대에 걸쳐 힘을 쏟았다. 그 덕분에 경제 때 제왕의 반란인 '오초칠국의 난'이 일어났어도 이를 진압*10할 수 있었다. 사실, 한나라 문제 때도 태자 관리인*11 조조가 끈질기게 제왕 정리를 건의했다. 하지만 문제는 이를 시기상조라며 듣지 않았다.

---

*10 그래도 승패를 가리기 어려운 꽤 아슬아슬한 대결이었다.
*11 황태자의 교육 담당.

큰 힘을 해방시키기 위해서는 그 전에 먼저 힘을 모아 두어야 한다.[*12] 한나라는 문제가 힘을 모으고, 경제가 힘을 해방시켰다. 그래서 제왕의 반란(오초칠국의 난)을 진압할 수 있었고 후대(무제)에 절정을 맞이할 수 있었다. 건문제도 문제를 본받아 제왕과 우호 관계를 구축하고 검소한 생활을 하면서 호람의 옥으로 인해 동요된 지배 체제 회복에 주력했어야 했다. 아직 대숙청의 상처가 가시기도 전에 일을 벌인 것은 젊은 혈기라고 해야 할까.

🗡️ 다수에 맞서 싸우는 방법

연왕이 주체가 되어 거병한 정난군[*13]은 기껏해야 800명에 지나지 않았다. 이에 반해 명나라 군대는 30만이었으나 후에 계속 인원이 늘어 최종적으로는 60만이 되었으니, 이 정도의 병력 차이도 드물다.

'큰 세력에 맞서는 작은 세력'의 역사는 유럽의 테르모필레 전투나 콘스탄티노플 포위전, 중국의 제2차 합비 전투 등이 유명[*14]한데, 결과는 제각기 달랐다.

---

*12 용수철도 눌러놓아야 힘을 축적했다가 다시 튀어 오른다. 화살도 활시위에 걸고 힘껏 잡아당겨야 앞으로 나간다.
*13 연왕 주체는 '황제 옆의 간악한 관리를 평정하기 위한 군사'라고 내걸고 거병했기 때문에 스스로 '정난군'이라고 칭했다.
*14 테르모필레 전투: 아케메네스 군(20만 명) 대 스파르타 연합군(7,000명)
　　콘스탄티노플 포위전: 오스만 군(20만 명) 대 비잔틴 군(7,000명)
　　제2차 합비 전투: 오군(10만 명) 대 위군(7,000명)

테르모필레 전투에서는 적은 인원으로 정면 대결한 스파르타 군이 페르시아 군에게 전멸당했다. 콘스탄티노플 포위전에서는 농성한 비잔티움 제국이 황제의 전사로 인해 항복했다. 이에 반해 합비 전투에서 수장 장료(張遼)는 '정면 대결'도 아니고 '농성'도 아니고 단지 800명의 정예병으로 적진을 급습하여 10만 명의 적군을 흩뜨렸다.

적은 세력으로 대군을 이기기 위해서는 정예병이 단숨에 적의 장군 목을 베는 수밖에 없다. 정난군이 승리한 이유는 분명 병사의 '능력'과 높은 '사기'에 있다.

정난군은 몽골군과의 실전을 경험했기 때문에 완전한 정예병이었다. 이 정예병이 합비의 장료처럼 정면대결을 피하면서 오로지 제국의 수도(난징)를 공격하는 일에만 전념하자 난징은 간단히 함락되었고, 그 후 전쟁은 건문제가 자결*15하자 어이없게 끝났다.

하지만 아무리 정예병이라고 해도 60만 명 대 800명이다. 만약 명나라 군대에 괜찮은 장군이 한 사람이라도 있었다면 이처럼 정난군에 패배하는 일은 없었을 것이다. 정난군의 승리는 바로 '홍무제가 뛰어난 인재를 모조리 전멸해 준 덕분'이었다.

홍무제는 홍무 4대안*16을 통해 10만 명의 공신을 숙청했는데, 이때 죽은 10만 명은 제국 창건에 공적이 있는 '인재'들이었다. 그러니까 건문제의 측근 중 숙청을 피해 살아남은 신하가 있다면 그 신하는 한

---

*15 시신이 발견되지 않았기 때문에 생존했다는 설도 있다. 하지만 혼란 속에서는 시신이 발견되지 않는 일도 흔하다.

*16 호유용의 옥, 남옥의 옥(+이선장의 옥), 공인의 안, 곽환의 안을 합친 대숙청.

결같이 홍무제가 직접 보증하는 무능한 인간이었다고 할 수 있다. 장수가 무능해서는 그 어떤 군대도 '오합지졸'에 불과하다. 연왕이 승리한 연유는 거기에 있었다.

홍무제의 '건문제를 지키려던 마음'은 아이러니하게도 건문제를 망하게 하는 결과를 낳았다. 도가 지나친 행동은 그 의도와는 정반대의 결과를 낳기 쉽다. 홍무제와 여러 가지로 비교되는 유방 또한 유씨 일가를 지키고 싶은 마음에서 대숙청을 단행한 결과, 여씨의 횡포를 허용해 유씨가 멸망하기 일보 직전까지 내몰렸다.

역사는 되풀이된다. 한나라는 이 위기를 극복한 후에 절정기가 찾아온 것처럼 명나라 역시 승리를 차지한 연왕이 '영락제'로 즉위하고 그의 지배 아래 절정기를 맞이하게 된다.

⚔ 숙청은 열등감의 반동

지금까지 중국의 역대 왕조를 살펴보면, 초대 황제의 출신이 낮을수록 숙청이 가혹하다는 것을 알 수 있다. 중국뿐만 아니라 동서고금을 막론하고 처참한 숙청을 하는 자는 대개 낮은 신분 출신이다. 높은 신분 출신 황제는 천하를 잡아도 가혹한 숙청은 하지 않는 경향이 있다. 아무리 제국의 정점에 군림하고, 모든 사람이 자신에게 머리를 조아린다고는 해도, 인간은 얼마 전까지 자신이 '최하층 출신이었다'는 열등감을 씻어 내기 어렵다.

낮은 신분에서 올라온 자는 카리스마가 넘치고 덕망 높은 사람이 많다.
하지만 천하를 잡은 순간, 마치 딴 사람이 된 것처럼
잔혹한 대숙청을 단행한다.

열등감이 심한 사람이 '공격' 태세에 있을 때는 그것이 헝그리 정신의 원천이 되어 긍정적인 방향으로 작용한다. 하지만 막상 정점에 군림해 '수비' 태세로 돌입하면 금세 열등감의 부정적인 측면이 나타난다.

일본 역사에서도 그러한 예를 쉽게 찾을 수 있다. 농민 출신의 도요토미 히데요시는 누구보다 출세욕이 강해, '대머리 쥐'라는 별명이 붙을 정도로 누구보다 열심히 일했다. 그것이 그를 천하로 이끌었지만, 막상 천하인이 되자 그때까지 출세욕의 활력원이었던 열등감이 갈 곳을 잃고 지금의 지위를 빼앗길지도 모른다는 '불안의 원천'으로 돌변해 의심의 화신이 되어 버렸다.

아무리 출세해도, 아무리 화려한 옷을 입고 아무리 권세를 누리게 되어도, 어린 시절의 열등감은 평생에 걸쳐 한 사람의 마음을 속박하는 법이다.

오랑캐는 오랑캐로 제압한다!
명장으로 명나라를 멸하고,
서양 무기로 명장을 멸한 청나라

🗡 명나라의 번영과 붕괴

공신 숙청(호람의 옥)으로 시작해 황족 숙청(정난의 역)이라는, 10만 명이 넘는 엄청난 학살을 거쳐 안정기를 맞이하게 된 명나라는 엄청난 숙청에 대한 대가로 중국 역대 왕조 중에서도 손꼽을 만큼 장기 집권을 하게 된다.[01] 하지만 17세기에 들어 북방에서 쳐들어 온 여진족에 의해 멸망하게 된다.

하지만 아무리 쇠했다고는 해도 역시 대(大)명제국.

---

[01] 중국 역사에서 역사가 300년에 육박한 왕조는 당나라(289년), 명나라(276년). 청나라(296년)뿐이다.

[02] 중국인들은 스스로를 화(華)라 칭하고, 동방 민족을 '이(夷)', 서방 민족을 '융(戎)', 남방 민족을 만(蠻), 북방 민족을 적(狄)이라고 낮춰 불렀다. 이(夷), 적(狄), 만(蠻), 융(戎)은 모두 미개인, 혹은 오랑캐를 의미한다.

"오랑캐*02들에게 정권을 넘겨 주고 순순히 물러날 수는 없다!"

제국의 수도 순천부(베이징)가 함락되었으나 무사히 남쪽으로 도망친 황족 주유송(朱由崧)*03이 응천부(난징)에서 즉위(홍광제)해, 그대로 동진과 남송처럼 중국 남부를 지배하려고 시도한다.

당시 여진족의 청나라는 얼마 전까지 만주의 시골을 지배했던 지방 정권으로 중국 전역을 제압하는 데는 역부족이었기 때문에 화베이를 북방 민족(청나라)이, 화난을 한족(남명)이 지배하는 남북 분열 시대가 다시 시작되는 듯했다.

⚔ 한족으로 한족을 제압한다

하지만 결과적으로 남명(南明)은 채 20년도 버티지 못하고 멸망했다. 그 후 천하는 어이없이 청나라가 통일한다. 어떻게 그것이 가능했을까?

"한족으로 한족을 제압한다."

고대 중국은 '오랑캐로 오랑캐를 제압'하는 외교를 기본 정책으로 삼았는데, 이를 역이용해 한족을 제압하는 데 한족을 이용했기 때문이다.

이미 청나라에는 오삼계(吳三桂)·상가희(尙可喜)·경계무(耿繼茂)라는 명장이 있었는데, 이들 세 명장이 남명 토벌의 주역이었다. 이들은 명

*03 명나라의 마지막 황제 숭정제의 사촌 동생(아버지 동생의 아들)이자 남명의 초대 황제이다.

나라에서 투항한 장수로서 청나라 안에서는 입지가 좁아 명령을 받으면 충성심을 보여주기 위해 더 열심히 싸울 수밖에 없었다. 청나라로서는 이들 명장이 이겨 준다면 자신의 손을 더럽히지 않고 천하통일을 이룰 수 있고, 진다 해도 투항한 장수를 보기 좋게 처분한 셈이라 손해 볼 일은 없었다. 한족과 한족이 서로 죽이는 것이니 결과가 어느 쪽으로 끝나도 상관없는 셈이다.

이렇게 명나라가 망한 지 17년 만에 남명은 오삼계 등 세 명장에 의해 멸망하고 청나라는 마침내 천하통일을 이루게 된다.

남명 평정에 공을 세운 오삼계는 평서왕(平西王), 상가희는 평남왕(平南王), 경계무는 정남왕(靖南王)*04에 책봉되었는데, 이들을 일컬어 삼번(三藩)이라고 부른다.

✒ 마지막까지 같은 실수를 반복한 중국

하지만 천하통일의 과정에서 탄생하는 봉건 제왕을 숙청하지 않는 한 왕조에 '미래'는 없다. 숙청에 실패하면, 모처럼 수중에 넣은 천하도 금세 이슬로 사라진다.

한나라는 '오초칠국의 난'을 평정할 수 있었기 때문에 전성기를 맞이할 수 있었다. 서진은 '팔왕의 난' 진압에 실패해 혼란스러운 가운데

---

*04 엄밀하게는 먼저 정남왕(靖南王)에 책봉된 자는 경계무의 아버지 경중명이다. 하지만 경중명은 그해(1649년) 자살하여 아들 경계무가 계승한다.

망했다. 그리고 명나라는 '정난의 역'에서는 봉건왕 측이 제위를 찬탈했으나 결과적으로 이 혼란에 의해 봉건 제왕이 전멸해 왕조 자체는 번영했다. 이처럼 세 나라는 각양각색의 길을 걸었다.[*05]

그럼 청나라는 앞의 세 나라 중 어느 길을 걸었을까, 아니면 제 4의 길을 걸었을까?

한나라가 성공한 이유는 문제 때 충분한 국력을 축적한 후에 일을 벌였기 때문이다. 명나라가 실패한 이유는 왕조 측의 체제가 갖추어지지 않은 가운데 일을 벌였기 때문이다. 그렇다면 이 모든 역사를 지켜본 청나라는 순치제(順治帝)·강희제(康熙帝) 때 차분히 힘을 모으고 건륭제(乾隆帝) 때 만반의 준비를 하고 숙청을 감행했을 것이다.

하지만 강희제는 즉위하고 나서 얼마 되지 않은 무렵에 삼번을 폐지하려고 책동하기 시작한다. 서진의 혜제, 명나라의 건문제와 다름없이 너무 이른 결정이었다. 신하 중에서도 시기상조라고 조언하는 자도 있었지만, 강희제는 이를 거두지 않고 삼번의 개혁에 착수한다.

이렇게 해서 일어난 것이 '삼번의 난'이다. 아니나 다를까 청나라는 순식간에 중국 남부를 빼앗겼고, 이를 지켜본 내몽골까지 반란을 일으켜 한때 청나라는 북쪽으로 내몽골, 남쪽으로 삼번에 끼어 존망의 기로에 서게 된다.

[*05] 팔왕의 난 때도, 정난의 역 때도 봉건 제왕의 반란 진압에 실패했을 때의 황제의 이름도 모두 혜제(惠帝) 황제다. 그리고 한나라 어씨의 난 때 황제 역시 혜제다. 이것은 우연이 아니라 '혜제'라는 호칭이 찬탈당하거나 꼭두각시 노릇하거나 제위를 무시당한 황제에게 붙여지는 칭호이기 때문이다.

하지만 삼번에도 약점은 있었다. 그들에게는 '공통의 강한 적(청나라)'이 있다는 것 외에는 아무런 유대가 없었기 때문에 전세가 잠깐 우세해지자 순식간에 패싸움을 일으킨다.

게다가 청나라 측에서 선교사 페르디난트 페르비스트(Ferdinand Verbiest)*06의 지휘 아래 최초의 대포*07를 제작해 전쟁에 투입하자, 전황은 서서히 호전되기 시작했고, 8년째 마침내 이를 진압하는 데 성공한다.

매우 위태로운 싸움이었으나 '서양의 최신 무기'를 도입함으로써 무사할 수 있었던 것이다. 이렇게 봉건 제왕을 멸하는 데 성공함으로써 청나라는 '3대의 봄'*08이라는 중국 사상에서 유례없는 전성기에 돌입하게 되었다.

---

*06 벨기에 출신 예수회 선교사. 그리스도교를 포교하기 위해 중국에 건너갔으나, 강희제의 신임을 얻어 흠천감(천문대장)이 되었고 역법을 개정하는 데 기여했다. 삼번의 난 당시 대포를 개발해 청나라를 돕기도 했다. 중국 이름은 남회인(南懷仁).
*07 강희제는 이 대포에 '천하무적 대장군'이라는 이름을 붙였다.
*08 제4대 강희제·제5대 옹정제·제6대 건륭제, 3대 130년에 걸친 청나라 절정기를 가리키는 표현으로, '강건성세(康乾盛世)'라고도 한다.

이상만을 추구한 쑨원으로부터
오늘날 중국의 비극이 시작됐다

⚔ 땅이 바뀌면 열매를 잘 맺던 나무도 말라 죽는다

이렇게 2,200년 동안 면면히 이어져 온 역대 중화제국은 숙청 없이 는 번영도 없는 역사가 끝없이 되풀이되었다. 하지만 그 '제국'도 20세기에 들어서자 마침내 쓰러져 '공화국'으로 크게 방향을 틀게 된다. 바로 '신해혁명'이다. 하지만……

"황제가 사라져도 장군은 남는다."[01]

아무리 거대한 사회 변혁이 일어나도 중국인들의 행동양식과 그에 비롯한 역사의 법칙은 꿈쩍도 하지 않는다.

무릇 사회라는 것은 국가 체제를 '토양'으로 삼아, 거기서 싹튼 정치·

---

*01 20세기 독일의 소설가 테오도르 플리비어의 작품 《제너럴은 사라졌지만 장군들은 남았다》의 제목을 패러디한 표현.

경제·제도·법률·문화·풍습·전통·학문·가치관·국민성 같은 '나무'
가 울창하게 우거져 땅속 구석구석 빽빽하게 뿌리를 내린 것이나 다름
없다. '신해혁명'은 수천 년 동안 그 토양(군주제)에서 자란 나무를 어느
날 갑자기 송두리째 뽑아, 전혀 이질적인 토양(공화제)에 옮겨 심으려는
시도였다. 그러니 이 나무가 건강하게 자랄 리 없을 수밖에.

"땅이 바뀌면 열매를 잘 맺던 나무도 말라비틀어져 죽는다." *02

유럽에 뿌리 내린 제도라고 해서 중국에서도 뿌리를 잘 내릴 것이
라고 볼 수는 없다. 그보다도 몇천 년에 걸쳐 중국인의 심신, 고황,*03
골수에까지 깊이 침투해 있는 행동양식에 지구 반대편의 전혀 다른
환경과 민족에 의해 형성된 '공화제'가 잘 맞을 리가 없다. 이것은 마
치 물이 풍부한 땅에서만 꽃을 피우는 연꽃을 사막의 바위에 옮겨 심
으려는 것처럼 어리석은 짓이다. 하지만 이 이치를 전혀 이해하지 못
한 사람들은 '신해혁명'을 일으키고 만다.

일단 시작한 이상 전혀 상반되는 '다른 나라의 제도'를 '중국식 행동
양식'에 억지로라도 융합시켜야 한다. 행동양식을 바꾸는 것이 불가능
하다면 공화제란 제도를 중국 사정에 맞추는 것 외에는 다른 선택의
여지가 없다.

---

*02 일본의 소설가 엔도 슈사쿠의 대표작 《침묵》에 나오는 한 구절. 그리스도교가 일본에
서는 뿌리를 내리지 못한 것을 비유한 말로, "땅이 다르고 물이 다르다는 것을 신부는
생각한 적도 없을 것이다"라는 문장이 이어진다.
*03 심장과 횡격막 사이의 부분. 고황에 병이 들면 쉽게 낫지 않는다고 하여, 잘 낫지 않
는 고질병이나 고질적인 병폐를 의미한다.

이후 중국이란 나라는 '공화제'란 이름을 내걸었지만 실질적 내용은 '군주제'로 변모하게 된다. 하지만 이 변화는 완전한 필연이며 자연의 섭리였다.

✒ '이상'만을 추구한 쑨원의 실수

쑨원(孫文)이 아무리 '민주 중국'의 실현을 애타게 고대해도 공화제가 제 기능을 하기는 어려웠다. 하지만 쑨원은 이러한 섭리를 전혀 이해할 수 없었다. 그는 '민주주의 국가의 창립'이라는 슬로건을 내걸고 혁명 운동에 매진했다. 괴로움에 견디기를 20년, 인생의 모든 것을 여기에 바쳤는지도 모른다. 마침내 꿈에 그리던 '민주 중국'은 탄생했고, '초대 임시 대총통'으로서 새로운 출범을 맞았다.

하지만 그는 초장부터 위기에 봉착하고 만다. 건국 직후 청나라 군인(북양군벌 총수)이었던 위안스카이(袁世凱)에 의해 대총통의 지위뿐만 아니라 국가 대권마저 빼앗기고 만다. 위안스카이의 직함은 공화국 원수 대총통이었으나, 이윽고 황제나 다름없는 절대 권력을 수중에 넣었기 때문이다. 눈 깜짝할 사이에 '민국'이란 이름뿐, 그 실태는 '군주제'나 다름없는 상황이 되었다. 그렇다면 무엇을 위한 신해혁명이었을까?

뿐만 아니라 권력을 수중에 넣은 독재자가 다음에 바란 것은 '임기 철폐'였다. 위안스카이는 즉각 대총통 임기*04를 10년으로 연장시키고

---

*04 중화민국 헌법은 대총통의 임기를 5년, 연임은 2기까지로 규정하고 있었다.

연임 제한을 폐지했다. 실질적인 '종신'을 보장받은 독재자가 마지막으로 원한 것이 제위였다. 결국 그는 1915년 말, 중화제국 초대 황제 홍헌제(洪憲帝)로 즉위했다. 사람들은 이를 두고 '평등과 민주주의를 사랑한 혁명가 쑨원이 만들어 낸 이상을 독재자 위안스카이가 빼앗고 짓밟았다'*05고 평하지만, 실상은 그리 간단하지 않다.

'민주 중국이 환골탈태한 것은 모두 위안스카이 개인의 야망 때문'이라고 비판하는 것은 제2차 세계대전이 일어난 것은 모든 히틀러 개인의 야망 때문이라고 탓하는 것과 같다. 만약 위안스카이라는 개인이 없었더라면 그의 역사적 역할을 맡을 다른 누군가가 나타나 똑같은 일을 저질렀을 것이다.

중국에서 민주주의가 뿌리를 내리지 못하는 것은 '흙이 얇은 돌밭에 떨어지매 흙이 깊지 아니하므로 곧 싹이 나오나/해가 돋은 후에 타져서 뿌리가 없으므로'*06 마른 것과 같다. 한 개인의 야망 때문에 그렇게 된 것이 아니라 역사적 필연으로 그렇게 된 것이기 때문이다.

현재에 이르기까지 중국의 불행은 쑨원이 '군주제는 시대에 뒤떨어진 것이고, 민주제가 선진'*07이라고 역사를 잘못 본 데 있다.

---

*05 위안스카이의 행보가 시진핑의 그것과 흡사하다. 자신의 진의가 드러나는 것이 두려웠던 시진핑은 인터넷에서 '위안스카이', '홍헌' 등의 키워드를 검색할 수 없도록 규제를 강화했다.

*06 마태복음 13:5~6절.

*07 현대 일본에서도 맹목적으로 그렇게 믿어 의심하지 않는 사람이 매우 많다. 그러한 사람은 아무런 검증 없이 맹신하기 때문에 논리적으로 검증하려 해도 감정적으로 거부해 버린다. 그것은 신앙이지 학문이 아니다.

이상만을 추구하다 현실을 보지 못한 몽상가 쑨원은 이 점을 이해하지 못했다. 반면, 위안스카이는 이 점을 잘 이해하고 현실을 제대로 바라본 현실파였다.

"쑨원은 아무것도 모른다.

이곳은 유럽이 아니라 중국이다! 중국의 국민은 군주제가 아니면 다스릴 수 없다!"

🗡 건문제의 전철을 밟은 위안스카이

위안스카이는 사실상의 '황제 제도'로 시계 태엽을 되감았다. 하지만 그래도 당시 사분오열로 갈라진 중국을 통치하기란 쉬운 일이 아니었다. 초조함을 느낀 위안스카이는 아직 각지에 군벌*08이 할거하고 있고 스스로의 지배 기반도 매우 취약했음에도 불구하고, 그 기반이 단단하게 굳기 전에 억지로 왕좌에 앉아 버렸다. 준비가 부족한 채로 봉건 제왕을 바꾸려다 멸망한 명나라 건문제의 전철을 밟은 것이다. 그러자 혁명 세력은 물론 위안스카이 밑에 있던 군벌까지 일제히 그에게서 등을 돌렸기(제3혁명) 때문에 위안스카이는 즉위에 오른 지 겨우 100일 만에 퇴위당하는 처지가 된다.*09 이후 중국은 통일 정권이

---

*08 군사력을 배경으로 지방에 할거한 집단.

*09 이른바 '백일천하'. 나폴레옹 역시 백일천하로 유명하지만, 그의 경우는 정확히 100일간은 아니다. 하지만 위안스카이는 즉위한 날과 퇴위한 날을 포함하지 않아 통치 기간이 정확히 100일이다.

없는 '군벌 시대'에 돌입하게 되었다.

⚔ 위진남북조와 중화민국 말기의 유사성

사실, 이 무렵의 상황은 위진남북조 시절의 상황과 유사하다.

황건적의 난이 발발한 이후(184년), 한나라라는 이름 아래 국가의 체 각지에서는 실질적으로 군웅이 할거하고 있었다. 이것은 1916년 제3 혁명 이후, 국가 체제는 중화민국이면서 실질적으로는 각지에 군벌이 할거하던 상황과 흡사하다.

또한 서진이 천하통일을 달성했지만, 머지않아 붕괴하고 이민족이 화베이를 다스리며 천하가 양분된 시대(동진~남북조)는 마치 장제스(蔣介石)가 군벌을 누르고 다시 통일을 달성한 것도 잠시, 곧 마오쩌둥(毛澤東)이라는 이단자가 나타나 천하를 양분하고 대결했던 것을 방불케 한다.

장제스와 마오쩌둥의 국공(국민당과 공산당) 대립은 얼마간 계속되었지만, 이후 '중일전쟁'이 일어났기 때문에 '공동의 적(일본)'을 앞에 두고 양측은 일단 손을 잡는다(제2차 국공 합작). 하지만 결국 두 영웅은 함께 설 수 없으므로 반드시 싸워 어느 한쪽이 쓰러지게 마련이다. 태양이 둘이 아니듯이 한 나라에 군주 둘은 있을 수 없다. 이윽고 '공동의 적' 일본이 미국에 패해 철수하자 적실 장제스와 마오쩌둥은 갑자기 심하게 대립하며 다시 국공 내전에 돌입했다.

역사를 돌이켜 보면, 남북조 말기 산시(陝西)에서 나타나 화베이를 제압한 수나라는 그대로 남하해 난징에 도읍지를 정하는 진나라를 멸하고 천하를 통일했다. 하지만 역시 이번에도 산시를 거점으로 화베이를 제압한 마오쩌둥이 그대로 남하해 난징에 도읍지로 정하는 장제스를 대륙에서 내쫓는 데 성공한다.

"역사는 되풀이된다."

짧게나마 중국의 숙청사를 살펴 보았는데, 앞으로의 역사를 이해하기 위해서는 아무래도 유럽의 숙청사에 대한 이해가 필요불가결하다. 그런 의미에서 중국의 숙청사는 일단 여기서 접어두고 다음 장부터는 유럽의 숙청사를 돌아보기로 하겠다.

2장

유럽에서 벌어진 숙청의 실상

인종차별을 일삼던 전투 민족이
신의 명령에 따르다

'피부색으로 차별'하는 만행을 인류 역사상 처음으로 시작한 야만족의 무자비한 숙청

⚔ 중국을 알고 싶다면 유럽을 보라

앞장에서는 중국에서 일어난 수많은 '숙청'을 살펴보았다. 이 정도로 무자비한 숙청은 그 어떤 곳에서도 그 유래를 찾아볼 수 없다.

물론 다른 나라에도 숙청이나 학살 자체가 없었던 건 아니다. 하지만 중국에 비하면 너무나 규모가 작아 '숙청'이라는 말로 표현하기가 어려울 정도다.

예컨대 일본에서 '마왕'이라 불릴 정도로 잔혹했던 오다 노부나가는 오랫동안 섬겨 온 늙은 신하*⁰¹에게 갑자기 추방 처분을 내렸다. 그런가 하면, 히에이산(比叡山)에 있는 엔랴쿠지(延曆寺)를 불태워 버리기도

---

*01 사쿠마 노부모리(佐久間信盛), 하야시 히데사다(林秀貞), 안도 모리나리(安藤守就), 니와 우지카쓰(丹羽氏勝) 등을 가리킨다.

하고, 처자식을 남겨둔 채 아리오카 성(有岡城)을 버리고 도주한 아라키 무라시게(荒木村重) 일족을 몰살하는 등 일본인으로서는 꽤 잔인하고 냉혹한 인물로 전해지고 있다. 후세 사람들이 그를 빗대어 '두견새가 울지 않으면 죽여 버려라'라는 시구까지 만들 정도이다.

하지만 노부나가는 노신(老臣)을 추방할지언정 중국처럼 무자비하게 처형하거나 잔인하게 일족을 몰살하지는 않았다. 히에이산을 불태우고 아리오카 성을 몰살한 것은 중국에 비하면 비교가 되지 않을 정도로 작은 규모*02였다. 게다가 그렇게 하기 전에 노부나가는 얼마나 참을성 있게 경고했는지 모른다.

노부나가의 온정 어린 모습은 눈이 휘둥그레질 정도이다. 동생 오다 노부카쓰(織田信勝)가 반란을 일으켰을 때도 처음에는 이를 용서했고,*03 아라키 무라시게가 반란을 일으켰을 때도 몇 번이나 변명의 기회를 주었다. 그리고 마쓰나가 히사히데(松永久秀) 등은 두 번이나 모반을 일으켰는데도 두 번 모두 용서하려고 했다.*04

확실히 노부나가는 '일본 역사상' 눈에 띄게 잔인하고 냉철한 인물이다. 하지만 잔인하고 냉철한 노부나가도 중국 역사 속에 던져지면

---

*02 이를 히에이산(엔랴쿠지) 소각 사건이라고 한다. 이때 산속에 살던 승려 등 1,500~4,000명 정도가 산 채로 불에 타 죽었다. 아리오카 성 몰살 때는 노부나가를 배반한 아라키 무라시게가 처와 자식을 남겨둔 채 아리오카 성을 버리자 아라키 일족은 대부분 처형되었다. 아리오카 성 몰살에서는 600~700명이 죽은 것으로 알려져 있다.
　　 하지만 중국 10만 명 단위의 숙청과 비교하면 작은 규모이며, 요즘은 후세의 과장·날조로 실제로는 피해자의 수가 더 적다는 설도 있다.
*03 두 번째 반란이 발각되자 동생 노부카쓰를 암살했다.
*04 하지만 두 번째는 히사히데 본인이 이를 받아들이지 않고 자해(폭사)하고 말았다.

마왕은커녕 부처 같은 자비로운 모습이다.

그럼 왜 중국에서는 이처럼 엄청난 숙청이 난무하는 것일까.

이 질문에 대한 답을 찾기 위해서는 유럽의 역사를 들여다볼 필요가 있다. 일찍이 '유유상종'이란 말이 있듯 사물의 본질을 파악하려 아무리 연구해도 결말이 나지 않는다면, 그 주변까지 샅샅이 고찰해야 한다. 중국을 알고 싶다면 유럽을 알아야 한다. 그 이유를 알아보기 위해 이 장에서는 유럽의 역사를 살펴보도록 하자.

📛 세계 최초로 피부색으로 인종을 차별한 백인

지금도 다양한 문제를 야기하고 있지만 '피부색으로 인종을 차별'하는 만행을 인류 역사상 처음 시작한 것은 백인종인 아리아계 민족*05이다.

그들은 지금부터 4,000년 전까지 오랫동안 아시아 대륙의 중앙을 동서로 가로지르는 초원 지대에 살던 유목민이었다. 하지만 기원전 2,000년경 지구가 한랭건조해지자 대이동이 시작되었다. 기후 변화로 인해 그들의 '생명선'인 초원이 급속히 사라졌기 때문에 기아가 덮쳐 살던 땅을 단념하고 터전을 찾아 민족 이동을 시작한 것이다.

---

*05 '아리아 인종'이라고도 불린다. 현재 유럽에서 인도 북부까지 광범위하게 거주하는 유럽계·이란계·인도계 민족을 일컫는다. 원래 백인종이었으나, 현재의 이란계와 인도계는 오랜 역사를 거쳐 토착민과의 혼혈로 인해 유색 인종이 되었다.

이 '아리아계 민족 대이동' 중 동쪽으로 이동한 민족이 현재의 인도
계*06이고, 남쪽으로 이동한 민족이 이란계이다. 그리고 서쪽으로 이
동한 민족은 현재 유럽계 민족을 형성했다.

이때 그들은 이주지에서 자신들과는 피부색이 다른 민족을 대면하
고 그들을 차별하기 시작했다. 이것이 '인종차별의 시작'이다. 이를테
면 인도에 정착한 아리아계(이 시기에는 아직 백인종)는 원주민(갈색 인종)과
접촉하면서 곧 '바르나'라는 차별 제도*07를 시행했다. '바르나'는 '색
(피부)'이라는 뜻으로, 그들이 이 무렵부터 이미 피부색으로 사람을 차
별했음을 보여준다.

현재 인도인은 북쪽으로 갈수록 피부색과 생김새 모두 코카시안(백
인종)에 가깝고, 남쪽으로 갈수록 피부색이 검고 생김새도 몽골로이드
(몽골계)에 가깝다. 이것은 앞서 기술한 슬픈 역사 때문이다.

🗡 유럽 인종차별 의식의 변화

하지만 같은 아리아계 중에서도 인도에 정착한 사람들과 달리 유럽
에 정착한 아리아계는 인종차별을 두드러지게 실시하지는 않았다. 왜
일까?

---

*06 북인도만 해당한다. 원래 인도에 살고 있던 원주민(드라비다인)은 남쪽으로 밀려나
현재 인도 남부에 널리 분포한다. 그렇기 때문에 인도는 북부와 남부 민족이 전혀 다
르다.
*07 후에 카스트 제도로 발전했다.

인도에서는 예로부터 고도의 문명*08이 번성했지만, 아리아계가 인도에 침입했을 무렵에는 이미 쇠퇴한 상태였다. 그렇기 때문에 인도의 원주민은 침략자들에게 조직적으로 저항하기가 어려웠겠지만, 침략자 대 원주민, 백인종(아리안) 대 갈색 인종(드라비다)의 심한 충돌은 상상하기 어렵지 않다. 그것이 오히려 차별을 증폭시켰을 것이다.

반면 유럽은 상황이 꽤 다르다. 유럽은 지리적으로 피레네, 알프스, 발칸 세 산맥이 동서로 뻗어 있기 때문에, 문화적으로도 남쪽의 지중해 연안*09과 북쪽의 유럽 중앙부*10로 크게 나뉘어 있었다.

그중 연안 지역에 정착한 아리아계는 눈앞에 펼쳐진 지중해에 많은 무역선이 왕래하고 본 적도 없는 교역품이 넘쳐나는 데다, 고도로 시스템화된 문명*11의 번성을 목격한 그들은 '피부색으로 인종을 차별'하는 본성을 드러내지 않았다. 아무리 호의적인 눈으로 봐도 압도적으로 자신들의 문명이 뒤떨어져 있는 명백한 현실 속에서 피부색으로 인종을 차별하게 되면, 자신들이 '열등 민족'이 되기 때문이다.

유럽 중앙 지역은 연안 지역과 달리 깊은 숲에 둘러싸여 발달한 문명도 없고 인구도 적었기 때문에, 원주민*12과 갈등도 적고 인종차별

---

*08 인더스 문명을 말한다.
*09 현재 남부 유럽의 세 반도(이베리아·이탈리아·발칸 반도 주변)에 해당한다.
*10 현재 동·서유럽(프랑스·독일·동구 제국 주변)에 해당한다. 로마를 기준으로 북쪽에 있기 때문에 당시는 '북방 지역'이라고 했다.
*11 오리엔트 문명을 가리킨다. 당시 지중해에는 페니키아를 중심으로 무역선이 왕래하고 있었다.
*12 바스크인·사미인 등을 일컫지만, 유럽 원주민에 대한 사실은 잘 알려져 있지 않다.

의식이 자극받을 만한 일도 많지 않았다. 그렇기 때문에 역시 인종차별이 표면화되지 않았다. 하지만 바다와 숲에 둘러싸여 갇혀 있다가 중세에 들어와 다른 인종과 접촉하면서 알력이 급속도로 높아지자, 유럽인들은 내면에 숨기고 있던 본성을 숨김없이 드러내게 된다.

🗡 신의 명령을 달성하다!

인종차별의 큰 계기는 이슬람이었다.

이슬람은 6세기까지는 세력이 미미했지만 7세기 초, 아라비아 반도 한구석에 어느 날 갑자기 등장해 20년 만에 갑자기 아라비아 반도를 통일하고 8세기 초에는 서아시아에서 북아프리카까지 퍼져 나갔다. 이에 따라 무슬림은 유럽의 동쪽(동부 지중해 연안)과 서쪽(이베리아 반도)에서 협공하는 형국이 되었다. 그런데 이슬람은 새로운 이교도의 땅을 얻은 후에도 거기에 사는 유럽인(그리스도인)을 '피부색이 다르다'거나 '종교가 다르다'는 등의 이유로 박해하는 일은 없었다. 오히려 유럽인에게 '종교의 자유'와 '자치'를 주었다. 때문에 이슬람의 지배하에 들어갔더라도 그곳에 사는 그리스도교 교인의 생활이 보장되었다.[13]

그러나 시간이 지나면서 상황이 달라지고 형세가 역전하자 유럽인

---

[13] 사실 '완전 평등'이라는 것은 없었다. 이교도에 대한 패널티로 '지즈야(불신앙 과세)'를 부과했다. 하지만 신앙의 자유를 돈으로 살 수 있는 것으로 지자변 싼 편이었다. 게다가 세금도 큰 액수는 아니었고 가난한 자에게는 또한 1/2~1/4로 세금을 감액해 주는 등 배려해 주었다.

은 숨어 있던 본성을 드러내기 시작한다. 그들은 동유럽에서 잃어버린 땅을 되찾으려는 듯 십자군 원정을 반복하기 시작했다. 그렇게 해서 한때 잃어버린 땅*14을 탈환한 적이 있었으나, 그 땅에 들어간 그들이 가장 먼저 행한 일이 대대적인 숙청이었다.

성 안에 살던 사람들은 병사도 아니었고 무기도 갖추고 있지 않았다. 하지만 그들은 아무 죄도 없고 저항도 하지 않은 민간인을 무차별적으로 살해했다.*15 '아이의 목숨만은 살려 달라!'고 애걸하는 어머니의 목을 서슴없이 쳐서 던지는 것도 부족해, 울부짖는 어린아이를 창에 꿰어 죽였다. 마을에는 목과 사지가 뿔뿔이 흩어진 시체가 쌓였고 하늘에는 무슬림들의 아비규환이 메아리쳤다. 그들이 흘린 피가 시내가 되고 연못을 이루었다. 아수라장 속에서 얼굴과 전신이 피로 새빨갛게 물든 십자군 병사의 눈빛은 황홀하고 입가에는 미소가 번지며, 환희의 목소리를 높였다.*16

이러한 재앙은 무슬림뿐만 아니라 십자군 전쟁(그리스도교 대 이슬람)과는 아무 관계도 없는, 단지 한 마을에 살았을 뿐인 유대인에게까지 미쳤다. 그들이 피난을 떠난 교회마다 산 채로 불을 질렀기 때문이다.

---

*14 동부 지중해 연안 지역으로 현재 시리아, 레바논, 이스라엘 주변을 가리킨다. 당시는 '레반트(동방)'라고 불렀다.

*15 십자군을 의미하는 'crusade'는 이러한 그들의 행동에서 '숙청'이라는 의미가 파생되었을 정도다.

*16 당시 십자군에 종군한 선교사가 당시의 모습을 이렇게 묘사하고 있다. 그는 "저항하지 않는 민간인을 살해하며 황홀한 표정을 짓고 환희의 목소리를 높이는 십자군들이 무슬림보다 훨씬 무서웠다"고 술회했다.

가는 곳마다 차마 눈 뜨고 볼 수 없는 지옥 같은 상황이 펼쳐졌다. 굳이 십자군 병사를 옹호하는 말을 찾는다면, 자신의 행동에 죄책감 따위는 전혀 없었을 것이란 점이다. 그들의 논리대로라면 '신의 명령'을 충실히 따랐을 뿐이기 때문이다.

《성경》에서도 신은 이렇게 거듭 명령한다.

"너는 마땅히 그 성읍 거민을 칼날로 죽이고 그 중에 거하는 모든 것과 그 생축을 칼날로 진멸하고."(신명기 13:15)

"오직 네 하나님 여호와께서 네게 기업으로 주시는 이 민족들의 성읍에서는 호흡 있는 하나도 살리지 말찌니."(신명기 20:16)

"성 중에 있는 것을 다 멸하되 남녀 노우와 우양과 나귀를 칼날로 멸하리라."(여호수아 6:21)[17]

이 광경을 지켜본 신은 자신의 '가르침'을 충실히 지킨 십자군 병사에게 필시 만족하여 기뻐했는지도 모를 일이다.

🗡 이슬람, 원한을 덕으로 갚다

이렇게 제1차 십자군 원정은 레반트에 에데사 백국·안티오키아 공국·트리폴리 백국·예루살렘 왕국 등의 십자군 국가를 건설하는 큰 성과를 얻었다.

---

*17 '성경' 자체는 셈계 유대인이 만든 것이지만, 십자군은 자신들의 잔학 행위를 정당화하는 근거로 삼았다.

"말하기는 쉬워도 행하기는 어렵다."[*18]

하지만 국가라는 것은 공격보다 방어가 어려운 법이다. 십자군 국가들은 이슬람 국가로 둘러싸여 있어 한층 단결하여 대응해야만 하는 처지가 되었다. 그런데 숙청이 그들의 체질인지, 이교도 학살만으로는 싫증이 나지 않았는지, 건국 후 국가 내부에서 파벌 항쟁이 일어나 서로 숙청하며 스스로 국력을 약화시켜 나갔다.

그 사이에 이슬람 진영은 약화된 파티마 왕조를 멸망시키고, 십자군을 물리친 영웅 살라흐 앗딘(살라딘)이 새로운 왕조 아이유브 왕조(1169~1252)를 세웠다. 예루살렘 왕국도 거대한 적의 출현을 앞두고 위기감이 커져가는 가운데, 계속되던 파벌 항쟁에 주전파가 승리하여 대결 구도를 드러냈다.

그리스도교 진영은 먼저 아이유브 조와 맺었던 평화협정을 일방적으로 파기하고, 순례 중인 죄 없는 무슬림을 습격해 약탈과 학살을 서슴지 않는 폭거를 일삼았다. 그렇게 당하면서도 살라흐 앗딘은 여전히 대화의 장을 만들려고 외교에 노력을 기울였지만 예루살렘 왕국은 이를 단호히 거부했다. 만행을 저지르고도 대화에 응하지 않는다면, 남은 수는 전쟁밖에 없다. 이렇게 해서 양국은 천하를 판가름할 전투의 장을 하틴[*19]으로 정하고 마침내 격돌했다. 병력(兵力)은 팽팽하게

---

*18 당나라 제2대 황제 태종과 그 신하들(방현령·위징)의 대화에서 유래한 표현이다.
'혼미 속에서 세워진 새로운 왕조는 무수히 많다. 하지만 한 번 세워진 왕조가 망하지 않은 예는 없다'는 점에서, 어떤 일이든 말로 하는 것은 간단하지만 실행에 옮기기는 훨씬 어렵다는 의미이다.

맞섰지만, 대장의 그릇이 '전력(戰力)'의 차이로 나타나 예루살렘 왕국은 결국 궤멸했다.[20]

살라흐 앗딘은 폭발적인 기세로 거점을 차례차례로 함락하고, 마침내 성지 예루살렘을 포위했다. 다수 대 소수, 정예 대 오합지졸, 강세 대 약세의 전쟁이었기 때문에 승산은 없었다. 이미 전세는 정해졌기 때문에 '더 이상 싸우는 것은 무익하다'고 살라흐 앗딘은 항복을 권고했지만 그럼에도 그들은 응하지 않았다.

'야만인들에게 성지 예루살렘을 넘기느니, 우리는 죽음을 택하겠다!', '정의는 우리에게 있으니까 반드시 신의 도움이 있을 것이다!' 처럼 안이한 근성론과 말도 안 되는 궤변을 늘어놓는 사람이 많아 일반 시민에게까지 무장시켜 철저히 항전했다. 물론 신의 도움이 있을 리는 만무했다. 성지 예루살렘은 이슬람의 손에 넘어갔다.

항복 권고를 무시하고 끝까지 버티는 경우에는 동서고금을 막론하고 모두 죽이는 것이 관례이다. 더구나 예루살렘은 100년 전으로 거슬러 올라가면, 아무 죄 없는 민간인까지 일방적으로 십자군에 의해 모두 학살당했던 땅이다.

그렇기 때문에 병사와 시민은 모두 죽음을 각오했지만 살라흐 앗딘은 '원한을 덕으로 갚았다.'[21] 그는 학살과 파괴를 철저히 금지시켜

---

*19 현 갈릴리 호수(티베리아스 호수)에서 서쪽 5킬로미터 지역이다.
*20 자주 혼동되지만, '병력(兵力)'과 '전력(戰力)'은 전혀 다른 개념이다.
*21 '이덕보원(以德報怨)'은 원래 《논어》에 나오는 문장인데, 중화민국의 장제스가 한 말로도 유명하다.

무슬림 병사들에 의한 학살과 폭행이 일어나지 않게 했다. 그리고 전쟁 포로는 협정에 따라 조용하게 석방*²²하고 일반 시민에게는 자유의지에 따른 퇴거를 허용했다. 이러한 관대한 태도는 십자군 측에서조차 '기사도 정신의 모범이다!'라고 칭찬이 자자했을 정도다.

살라흐 앗딘이 칭찬과 존경을 받으면 받을수록 이와는 정반대의 행위를 일삼아 온 자신들의 만행이 대조되기 쉽기 때문에, 십자군은 '살라흐 앗딘을 존경해서는 안 된다'는 금지령을 내리고 수치스런 행위를 거듭했다.

🗡 800년 동안의 지배를 일소한 대숙청

그리스도교 교인들이 이슬람을 대하는 태도는 유럽의 서쪽, 이베리아 반도에서도 조금도 다른 점이 없었다. 8세기 초 이베리아 반도가 무슬림의 손에 함락된 후에도 무슬림은 동방(레반트)과 마찬가지로 그리스도교 교인을 탄압하지 않고 종교의 자유와 자치를 부여했다.

그런데 재정복*²³의 결과 이베리아 반도가 다시 그리스도교 교권에 복귀하자, 유럽인은 그 은혜를 잊어 버렸는지 지배하의 무슬림*²⁴을 대상으로 대숙청을 시작했다. 십자군과 마찬가지로 유럽인의 민족성과 행동양식이 전혀 달라지지 않았음을 엿볼 수 있다.

---

*22 당시는 몸값을 지불하면 포로를 석방하는 협정이 있었다. 그런데 살라흐 앗딘은 몸값을 지불하지 못한 포로까지 전원 석방했다.
*23 711~1492년까지의 781년 간의 시기를 가리킨다.
*24 이때 그리스도교 국가에 잔류한 무슬림을 '무데하루'라고 불렀다.

그들은 자신이 지배자로 돌아가자 무데하루에게 '개종과 추방' 둘 중 하나를 선택하라며 엄격한 탄압을 반복했기 때문에 무데하루는 태어나 자란 땅을 버리고 망명하거나 그렇지 않으면 눈물을 머금고 그리스도교로 개종*25할 수밖에 없었다.

하지만 상황은 개종자(모리스코)가 되었다고 해도 안심할 수 없었다. 그들은 여전히 모리스코들이 진심으로 개종했는지 여부를 '종교 재판'에 부쳤고, 고문을 가해 차례차례로 자백하게 만들고는 처형해 나갔다. 이 과정에서 유죄가 인정된 이단자의 재산은 모두 몰수되었기 때문에, '이교도 숙청'이라는 본래 목적은 도중에 '돈벌이'로 변질되었다. 정부에서는 더 큰 '희생양'을 찾아 밀고를 장려하며, 개인적 원한이나 보상금을 노려 무고한 사람을 죽여 나갔다.

800년이라는 긴 세월에 걸쳐 이베리아 반도를 지배하던 이슬람은 이렇게 일소*26되었다. 한 지역에 오랫동안 정착한 민족을 쫓아내는 일이 얼마나 어려운지 설명하지 않아도 알 수 있다. 따라서 이 사실은 당시의 숙청이 얼마나 엄청난 것이었는지를 말해 준다. 유럽은 얼마 지나지 않아 이러한 만행이 거듭된 이베리아 반도 땅에서 '근세'를 맞았다.

---

*25 이때 그리스도교로 개종한 무슬림을 '모리스코'라고 불렀다.
*26 20세기 말 이후, 이베리아 반도에 무슬림 이민자들이 대거 몰려들어 무슬림이 전체 인구의 2.5%까지 회복되었다.

가장 위험한 바이러스를
봉인한 결계가 깨지고,
엄청난 재앙이 세계를 덮치다!

⚔ 인류는 포유류가 아니다!?

20세기 말 대히트했던 〈매트릭스(The Matrix)〉라는 영화에 등장했던 스미스 요원의 대사는 매우 함축적인 의미를 담고 있다.

"나는 이 일을 하면서 인간은 포유류가 아니라는 것을 알았다. 지구상의 모든 포유류는 본능적으로 환경에 적응해 간다. 그런데 유일하게 인간만은 가는 곳마다 계속 자원을 거덜내면서 증식한다. 이와 같은 형태의 생물은 인간 외에는 '바이러스' 밖에 없다. 인류는 지구의 병원균이며 불쾌한 암 덩어리에 지나지 않는다."

스미스 요원은 인류를 '바이러스'에 비유했다. 인류에게 엄청난 재앙을 초래한 바이러스라고 하면, 전염병·에이즈·에볼라 등을 떠올리는 사람도 많을 것이다. 하지만 그것들은 모두 태고로부터 몇 만 년 동안 쥐나 원숭이, 박쥐 등을 숙주로 깊은 숲속에서 사람 눈에 띄지 않게 조용히 공생할 정도로 인간에게 무해한 존재였다.

그런데 일단 숲이라는 결계가 깨지면서 도시로 확산되기 시작하자 순식간에 끔찍한 '재앙'으로 변해 인간을 습격하게 된 것이다.

🗡 봉인이 풀린 바이러스

스미스 요원은 '계속 자원을 거덜내면서 증식한다' 하여 인류를 바이러스에 비유했다. 하지만 숲에 갇혀 있는 동안 아무런 해가 없었다는 점에서 유럽인의 특성은 바이러스와 유사하다.

고대에 유럽인은 깊은 숲속에 갇혀 있었기 때문에 세계적 규모로 봤을 때 별다른 해가 없었다. 하지만 12세기경부터 달걀 속의 병아리가 부리로 껍질 안쪽에서 쪼듯이 끊임없이 삼림을 벌채했기 때문에 이윽고 껍질이 깨지기 시작했다.

사실 이미 언급한 재정복(의 본격화), 십자군 등의 움직임[*01]도 이러한 역사적 조류의 일환으로 나타난 것이다. 이 무렵은 아직 완전히 '껍질'을 부수기에는 역부족이었다. 하지만 이윽고 중세가 지고 근세에 들어 15~16세기 무렵이 되자, 드디어 그들은 껍질을 깨기 위해 부족했던 것을 수중에 넣는다.

[*01] 12세기부터 시작된 '동방 식민지' 등도 이러한 움직임의 일환이다.

즉, 지식을 공유하기 위한 기술(인쇄술), 밖으로 팽창하기 위한 기술(항해술), 야망을 충족하기 위한 힘(총기류)*02을 무기로, 마침내 그들은 껍질을 깨는 데 성공하고 세계로 도약할 태세를 갖춘다.

하지만, 숲에 갇혀 있다가 마을에 나온 순간 '살인 병기'가 되어 버린 바이러스처럼, 중세까지 숲에 갇혀 있던 유럽인이 세계로 진출한 것은 십자군의 참극이 앞으로 전 세계적으로 전개되리라는 것을 의미한다.

🗡 학살이라는 오락

근세의 유럽인은 이제 막 손에 넣은 '항해술'을 활용하여 대항해에 나섰다. 기적같이 재정복이 완료된 1492년, 새롭게 발견한 아메리카 대륙*03에서 그들은 '피부색이 다른 이교도'와 해후한다.

지금까지 살펴본 유럽인의 행동양식을 이해한다면 그들이 신대륙에서 가장 먼저 취한 행동을 쉽게 상상할 수 있을 것이다. 그들은 노략질은 물론이고 남자와 아이를 살해하고 여자는 강간했다.

---

*02 소위 세계 3대 발명으로, 모두 중국(송)이 발명한 것이다. 유럽은 중국보다 500년 늦게 이를 개선했을 뿐이므로, 세계 최초도 아니고 발명도 아니다. 굳이 말한다면 유럽의 3대 개선에 지나지 않는다.

*03 일반적으로 1492년 콜럼버스가 신대륙을 발견했다고 알려져 있으나, 콜럼버스가 처음 신대륙에 상륙한 것은 1498년이고, 그 땅에는 이미 원주민(황색 인종)이 살고 있었기 때문에 엄밀하게는 발견이라 볼 수 없다. 더욱이 그보다 500년 전에도 노르만인이 아메리카 대륙에 상륙했기 때문에 엄밀하게는 유럽 최초도 아니다.

당시 인디오*04들은 실질적으로 '석기 단계'*05였다. 때문에 근대 무기로 무장한 유럽인들의 침략은 전쟁이라기보다 단지 일방적 학살이었다. 수렵 민족인 그들은 '사냥'을 즐기는 감각으로 재미 삼아 도망치는 인디오를 죽이고 다닌 것이다.

예컨대 오락의 일환으로 인디오의 등에 장작을 짊어지게 하고는 불을 붙여 그들이 몸부림치며 고통스러워하는 모습을 보고 껄껄 웃기도 하고, 때로는 어머니에게서 갓난아기를 빼앗아 머리를 바위에 찧어 죽이고는 그 시신을 개에게 먹이는 등 잔인한 행동을 일삼았다.*06

⚔ 인디오는 우리 백인과 같은 인간인가?

다만 오해하지 말아야 할 것이 있다. 차마 쳐다볼 수 없을 정도로 극악무도한 범죄를 아무런 양심의 가책도 없이 태연하게 저지른 까닭은 그들이 비인간이기 때문도 악마이기 때문도 아니다.

이와 같은 잔인한 행위를 일삼은 그들도 백인 사회에서는 벌레도 죽이지 못할 만큼 선량한 시민이며, 가정에서는 좋은 남편이자 좋은 아

---

*04 항간에 인디언은 차별용어이므로 '아메리카 원주민이라고 불러야 한다'는 주장도 있으나 이는 잘못된 것이다. 그들은 스스로 '인디언'을 자칭하며, '아메리카 원주민'이라 불리는 것을 싫어한다.

*05 청동기가 있기는 했지만 청동기는 고가인데다 물러서 사용하기 불편했기 때문에 실질적으로는 석기 단계였다.

*06 라스 카사스의 《인디언 파괴에 대한 간략한 보고(A Short Account of the Destruction of the Indies)》에 나오는 내용이다.

버지였을 것이다. 그들이 그런 행동을 자행할 수 있었던 것은 그 속마음에 흐르는 두 '도그마(그리스도교의 교리)'가 잔인한 행동을 정당화했기 때문이다. 그 도그마는 바로 '인종의 우열은 피부색으로 결정되며, 열등 민족은 노예로서 백인을 섬기기 위해서만 존재한다', '이교도를 학살하는 것은 신의 뜻'이라는 사고이다.

물론 개중에는 이러한 참상을 보면서 마음 아파하고, 이를 멈추도록 스페인 국왕 카를로스 1세에게 호소한[07] 인물도 있었다. 바로 라스 카사스(Las Casas) 신부이다.

라스 카사스 신부로 인해 벌어진 논쟁이 그 유명한 '바야돌리드 논쟁'이다. 이 논쟁은 '인디오는 우리와 같은 인간인가 아닌가!?'라는 의제를 둘러싼 것이다. 이러한 의제 자체가 인종을 차별하는 그들의 속내를 그대로 내비친 것이었으나, 이를 국왕이 주재하고 어엿한 학자들이 모여 기탄없는 논쟁을 벌였다.

한쪽의 입장은 다음과 같다.

"원래 인디오는 태어나면서부터 이성이 없는 미련한 야만인이며, 아리스토텔레스가 말하는 '선천적 노예 민족'[08]이다!

부정한 종교를 믿고 사람의 길을 벗어난 그들을 우리가 정복해 이를 교화해 주는 것이야말로 큰 정의이다!"

---

07 이때의 진정서가 《인디언 파괴에 대한 간략한 보고》이다.

08 아리스토텔레스는 '노예가 되기 위해 태어난 민족(선천적 노예)이 있다'며 노예에게 일을 시키는 것을 정당화했다.

09 원주민들의 무기로, 목표물에 맞지 않으면 되돌아오는 데서 타인을 규탄한 말이 그대로 자신에게 되돌아옴을 나타내는 속어이다.

듣고 있는 쪽이 부끄러워질 정도의 엄청난 부메랑*09이다.

이에 대한 라스 카사스의 반박은 다음과 같다.

"인디오는 '선천적 노예'가 아니다.

그들은 몸이 약해 중노동을 시키면 금방 죽는다.

따라서 도저히 노예 민족에 적합하지 않다!"

여기서 유의해야 할 점은 인디오를 옹호하는 입장에 선 라스 카사스조차 "인디오는 노예로 적합하지 않다"고 주장할 뿐 '선천적 노예'의 존재 자체는 부정하지 않는다는 것이다.

그 증거로 그는 계속해서 이렇게 말한다.

"그에 비해 아프리카 흑인은 강인한 몸을 지닌 선천적 노예이다! 그러니 인디오가 아니라 아프리카 흑인을 노예 민족으로 삼아야 한다!"

아니, 흑인은 노예가 되어도 좋단 말인가!?

라스 카사스의 주장대로 비참한 '흑인 노예 무역'은 얼마 지나지 않아 시작된다. 인디오를 돕기 위해 분주했던 라스 카사스조차 이런 사상을 지니고 있었다. 그조차도 백인 우월주의나 피부색으로 인종을 차별하는 가치관은 불식시키지 못했음을 알 수 있다.

⚔ 도저히 불식시킬 수 없는 인종차별

"그긴 옛날 일이라 ……"라고 반박하는 목소리가 들려오는 듯하나. 하지만 이것은 개인적 가치관이 아니라 민족 전체가 공유하는 민족성, 가치관이라서 수백 년이 지나도 변하지 않는다.

18세기 후반의 미국의 상황을 살펴보자.

미국의 초대 대통령 조지 워싱턴은 정직하고 인망이 두터운 인물로 높이 평가받는다. "정직이 바로 최선의 정책이다", "남을 짓누르고 있는 한, 자신도 그곳에서 움직일 수 없다" 등등 조지 워싱턴의 명언들은 널리 알려져 있다. 하지만 그의 명언 뒤에 숨은 발언도 많다.

"인디언은 늑대와 다름없는 짐승이다!"

"인디언을 절멸시키는 게 정의이다!"

"인디언을 멸종시켜라!"*10

어떤 훌륭한 발언이나 행동도 오로지 백인 사회에 해당할 뿐 유색 인종에게는 적용되지 않는다.

그러한 태도는 이후의 대통령들도 마찬가지였다.

"인디언은 지성도 도덕도 야심도 없다!

우리 같이 뛰어난 민족에 둘러싸여 있으면서 자신의 열등함조차 알지 못한다. 그들은 멸망해야 한다!"(제7대 미국 대통령 앤드류 잭슨)

"인디언의 멸종을 지지한다!"(제26대 미국 대통령 시어도어 루스벨트)

역대 대통령들이 이런 태도였기 때문에, 인디오 인구는 격감할 수밖에 없었다.

또한 19세기에 들어서 독일의 한 인류학자가 '머리카락의 단면으로

---

*10 워싱턴 자신의 말에 따르면 그의 가치관의 대부분은 '어머니의 도덕 교육'의 결실이다. 따라서 그의 어머니가 이런 인종차별 사상을 심어 주었다고 볼 수 있다.

인종의 우열을 판별할 수 있다'고 주장하며 논문을 발표한 적이 있다. 유럽인의 머리 단면이 원형에 가깝고, 인도인은 타원, 아프리카 흑인은 장방형이라고 알고 있던 그는 "머리 단면이 원형에 가까울수록 우등 인종이고, 편평률(타원의 편평한 정도를 나타내는 비율)이 높을수록 열등 인종이다"라고 주장했다. 그러나 이 주장은 동양인이 유럽인보다 머리의 편평률이 낮은 것으로 나타나 파기되었다.

인종의 우열을 머리 모양으로 구별할 수 없다면, 두개골의 형상은 어떨까? 그래서 그다음에 등장한 것이 두개골 모양으로 인종의 우열을 판별[*11]하려는 학설이고, 서양에서는 20세기 전반까지 통설처럼 여겨졌다.

어쨌든 그들은 자신들이 우등 민족이라는 증거를 찾는 데 급급했다. 또한 먼저 결론을 내려 놓고 자신들이 바라는 정보만을 모았다. 그러고 나면 그것이 아무리 치졸한 이론이라 해도 즉시 널리 퍼져나갔다. 이러한 가치관을 지닌 그들이 근세의 개막과 함께 해외 진출을 완수하자 신대륙을 시작으로, 아프리카, 인도, 중국을 인디언과 마찬가지로 무간지옥으로 떨어뜨렸다.

하지만 이후의 역사는 그들이 인디오에게 저지른 악행의 확대 재생산일 뿐이므로 이 책에서는 생략하기로 한다.

[*11] 두개골을 위에서 내려다보았을 때 세로로 길면 우등 민족이고 가로로 길면 열등 민족이라는 학설이다.

항해술이 숲의 결계를 깨고,
인쇄술이 교회의 결계를 깨자
현대가 열렸다!

⚔ 지식 독점은 악의 온상

3대 발명 중 항해술과 화약은 유럽인이 해외로 진출하는 데 많은 도움을 주었다는 것은 이미 언급했다. 그런데 또 하나의 발명인 인쇄술은 무엇을 촉구했을까?

그것은 바로 '종교개혁'이다. 중세까지는 교회가 지식을 독점하고 있었다. 라틴어 이외의 성경 번역을 금지*01하고, 서민이 이를 읽지 못하도록 규제했을 뿐 아니라 대학을 비롯한 교육기관도 교회가 좌지우지했다. 모든 지식인을 엄중히 감시 감독하고, 교회에서 신부가 읽는 성경 구절도 교리에 맞는 부분만으로 제한했다.

교회가 철저하게 지식을 독점함으로써, 위로는 교황, 아래로는 신

*01 당시 라틴어를 읽을 수 있는 사람은 학자나 성직자 정도였다.

부에 이르기까지 교회가 행하던 신의 가르침에 반하는 수많은 악행을 은폐했다. 그렇게 교회는 모든 사회악이 결집하는 '복마전(伏魔殿, 나쁜 일이나 음모가 끊임없이 행해지고 있는 악의 근거지)'으로 변해 이를 폭로하려는 자는 산 채로 화형에 처했다. 그러나 인쇄술이 발명되자 교회에 의한 지식의 독점이 급속하게 깨지게 되었다.

대학 교수나 신부, 그때까지 교회에 억압받던 지식인들이 차례차례로 교회를 비판하는 책을 출판하고 자국어로 성경을 번역했다.*02 누구나 성경을 읽을 수 있게 되자 교회가 얼마나 부패했으며 신의 가르침에 역행하고 있는지가 백일하에 드러났다.

이는 곧 '종교개혁'의 단초가 됐지만 앞에서 언급한 대로 모든 이점과 결점은 표리일체라서 좋은 일만 있었던 것은 아니다.

✗ 지식 해방의 부정적 측면

마틴 루터(Martin Luther)는 《그리스도인의 자유》 등을 펴내 큰 악에 대해 감연히 맞섰던 종교개혁자였다. 하지만 그 역시 마음속에 '인종 차별 의식'이 뿌리박혀 있었기 때문에 '지식 해방'은 그의 차별사상도 확산시키는 결과를 초래한다.

마틴 루터는 종교개혁에 힘쓰는 한편, 《유대인과 그들의 거짓말에 관하여》를 출판해 '유대인에 대한 철저한 탄압'을 호소했다.

---

*02 존 위클리프가 영어 번역, 마틴 루터가 독일어 번역, 장 칼뱅이 프랑스어 번역을 했다.

그 책에서 루터는 유대인들을 '열등한 우상숭배자', '법을 더럽힌 자들의 무리'라 간주하고 그들이 모이는 회당은 '구제 불능의 사악한 매춘굴'이라고 단정했다. 그러고는 '회당을 불태워라!', '유대인의 집을 쳐부숴라!', '유대인의 재산을 모조리 몰수해 농노에게 나누어 주어라', '복종하지 않는 랍비*03는 죽여라!'라고 호소했다.

물론 루터 이전에도 유대인에 대한 박해가 있었다. 하지만 그의 주장은 사람들의 차별의식을 더욱 부추겨 박해를 대규모화시켰고,*04 박해가 일어날 때마다 그를 정당화하는 논거가 되었다.*05

🗡 궁지에 몰린 유대인

그렇다고 유대인들이 루터의 주장 때문에 그 즉시 큰 피해를 입은 것은 아니다. 그들에게는 여차하면 피할 곳이 있었기 때문이다.

당시 이웃 나라 폴란드에서는 '칼리슈 법령'*06이 시행되어 독일의 유대인들은 계속해서 폴란드로 망명하여 위기를 모면할 수 있었다. 하지만 그러한 안녕도 오래 지속되지 못했다. 18세기 말 폴란드가 멸망해 버리자,*07 이후 비호 세력을 잃은 유대인들은 각지에서 박해를

---

*03 유대교의 신학자로, 가톨릭 신부나 목사 같은 존재이다.
*04 여러 가지 생각이나 입장이 있기 때문에 '유대인 박해의 격화와 루터의 주장 사이에는 인과 관계가 없다'며 루터를 옹호하는 사람들도 있다.
*05 히틀러가 자행한 '유대인 대학살(홀로코스트)'의 논거가 되었다.
*06 1267년에 반포된 이래 1795년 폴란드가 멸망할 때까지 500년 동안 시행된 유대인 인권 보호법이다.

받게 되었다. 사실 히틀러의 홀로코스트도 그 연장선상에 있다.

피할 곳을 잃은 유대인들은 19세기 말 이후 '시오니즘 운동'을 일으켰는데, 그것이 오늘날 이스라엘[08]을 낳는 배경이 되었다.

---

[07] '폴란드 분할'로 인해 1795년 멸망했다.

[08] 일본에서는 가끔 '이스라엘 공화국'이라고 표기하는 책이 있으나 이는 잘못이다. 이스라엘의 정식 명칭은 'State of Israel'이며 'Republic of Israel'이 아니다.

이상 정치를 추구한 프랑스 혁명은
국민을 이상향이 아니라
지옥으로 떨어뜨렸다

역사는 도미노처럼 쓰러진다

중국에서 전해진 항해술이 유럽에서 '대항해 시대'를 재촉한 것은 이미 앞에서 언급한 바와 같다. 하지만 그것만으로 대항해 시대의 막은 열릴 수 없었다.

자동차가 있어도 기름이 없으면 달릴 수 없는 것처럼, 모처럼 대양으로 나갈 기술을 손안에 넣어도 그것을 실현하기 위한 '운영 자금'이 없으면 배는 항구에서 떠날 수 없다. 배를 띄우려면 대형 지원자가 필요하다. 하지만 무엇보다 전인미답의 대항해에 나서려면 막대한 금액이 필요하다. 사실, 항해에 필요한 금액은 중세 왕후의 재력조차 감당할 수 없는 금액이었다.

만약 항해술이 도입되었을 때 유럽의 정치·사회 시스템이 중세였다면, 결코 대항해 시대를 맞이하지는 못했을 것이다. 그렇지만 사회라는 것은 하나하나의 '사회 요소'가 독립되어 있는 것처럼 보여도 서로의 영향 아래에 하나의 유기체를 구성한다.

비유하자면 도미노와 같다. 도미노는 언뜻 보기에 한 장 한 장이 각각 독립적으로 서 있는 것처럼 보이지만 실제로는 어느 것 하나 동떨어진 것이 없어 하나라도 쓰러지면 금세 전체가 무너진다.

사회의 '안정기'는 이른바 각 도미노(사회 요소)가 정연하게 늘어서 있는 상태*01이다. 그런데 사회 요소 중 하나가 무너지면 그에 이끌리듯 주위의 사회 요소가 동요하기 시작하고, 결국 구시대에 속하는 모든 사회 요소가 일제히 새로운 시대에 맞는 형태로 변화한다.

이때가 바로 사회의 '동란기'이다. 이 무렵이 중세에서 근세로 거듭나는 큰 동란기에 해당했기 때문에 정치·경제·사회·문화 등 모든 사회 요소가 바뀌었던 시기이다. 소위 3대 발명도 그러한 시대의 요청에서 탄생한 것에 지나지 않는다. 그렇기 때문에 이들을 활용하는 토대, '절대주의' 체제는 이미 만들어져 있었다.

중세적 봉건 체제에서 근세적 절대주의 체제로 정치 형태가 바뀌고, 군주가 중상주의 정책을 이용하여 중세와 비교되지 않을 정도로 축적한 막대한 부가 대항해 시대를 지탱하는 자금원이 되었다.

---

*01 이것을 사회학 용어로 '사회적 균형(social equilibrium)'이라고 한다.

✒️ 바다에서는 무적인 상어도 육지에 올라오면 무력할 뿐

각 시대에는 그 시대에 적합한 체제라는 것이 있다. 그것을 자국의 정치·경제·사회 체제로서 보다 완벽에 가까운 형태로 도입하는 데 성공한 국가와 민족만이 그 시대의 '패권국'으로 군림할 수 있다.

절대주의 체제가 가장 전형적으로 나타난 것은 프랑스*02였다.

🎓 역사의 법칙 ⑧

국가와 민족의 성쇠는 사회 제도를 그 시대에 얼마나 잘 맞추었느냐에 달려 있다.
적합도가 높으면 높을수록 번창하고, 낮으면 쇠퇴한다.

프랑스는 근세 유럽에 적합했던 '절대주의' 체제를 어느 나라보다 전형적으로 완성시킨 덕에 근세 유럽에서 가장 영화를 누리는 데 성공했다. 루이 14세는 '태양왕'이라 불렸으며, 그 자신도 "나는 국가다"라고 호언하기까지 한다.

하지만 모든 것에는 이점과 결점이 공존하는 법이다. 구시대에서 신시대로 변함에 따라 적합 체제도 변한다. 그런데 구시대의 패권국은 구시대의 체제에 익숙한 탓에 새로운 시대의 체제에 적응하기 어렵다.

---

*02 프랑스에서는 이미 바로아 왕조 말기에 절대주의의 싹이 텄다. 하지만 부르봉 왕조의 성립과 함께 절대주의가 확립되고, 부르봉 왕조의 절정과 함께 절정기를 맞는다. 하지만 프랑스의 절대주의는 부르봉 왕조 붕괴와 함께 붕괴한다. 프랑스 절대주의와 부르봉 왕조는 일체가 되어 흥망성쇠를 함께했다.

바다에서는 무적을 자랑하는 무서운 상어도 육지에 올라가면 얼마 지나지 않아 죽고 만다. 한 시대에 강한 세력을 자랑하던 패권 국가가 새로운 시대를 맞이하면 금세 쇠망해 가는 것은 이 때문이다.

물론 프랑스 절대주의 왕권이라고 해서 예외는 아니었다.

🗡 융통성이 없으면 응용할 수 없다

프랑스와 경쟁 관계에 있던 이웃 나라 영국은 같은 시기에 절대주의 국가가 되었으나 절대주의를 수정했다.

절대주의는 상비군과 관료제, 이 두 기둥에 의해 지탱된다. 하지만 영국 정권은 해적을 포섭해 군력을 보강하고, 지방 행정은 젠트리*03에게 맡기고 이를 운용했기 때문에 상비군도 관료제도 전형적인 형태로 나타나지 않았다. 하지만 이 체제를 완비하지 않은 일이 영국이 다음 세대로 맥을 이을 수 있게 만들었다.

자동차를 예를 들어 보자. 일반 승용차에는 스티어링과 액셀 등 모든

---

*03 신사(gentleman) 계층으로, 작위를 지닌 귀족과 자작농(yeoman)의 중간에 위치하는 토지소유자층을 가리킨다.

요소가 융통성 있게 만들어져 있다. 일부러 융통성 있게 만들어 놓았기 때문에 평탄한 길이든 험난한 길이든 언덕길을 가든, 운전을 잘하는 사람이든 서툰 사람이 타든, 고장도 적고 어떤 경우에도 적응할 수 있다.

이에 반해 극도로 융통성이 없는 자동차가 'F1(포뮬러 원)'이다. F1은 액셀, 브레이크, 스티어링, 안전벨트에 이르기까지 극단적으로 융통성이 없게 설계되어 있다. 빠르게 달리기 위해 특화되었기 때문이다.

그 덕에 굉장한 속도를 낼 수 있지만, 그 대가로 경주 외에는 전혀 쓸모가 없다. A급 라이선스를 갖고 있는 사람이 아니면 도저히 탈 수 없고, 승차감도 최악이다. 게다가 연비도 나쁘고 고장나기도 쉽고, 저속으로 달리면 오히려 과열된다. 그런데도 가격은 엄청나게 비싸다. 말 그대로 자동차 경주만을 위해 존재하는 자동차라서 레이싱 코스에서만 그 능력을 유감없이 발휘할 뿐, 일반 도로는 물론이고 근처에 쇼핑을 나갈 때도 사용할 수 없다. 어디에도 응용할 수가 없는 것이다.

국가 체제도 마찬가지이다. 한 시대에 너무 특화시키면 그 시대동안은 절대적인 힘을 발휘한다. 하지만 시대가 바뀌면 순식간에 시대에 뒤쳐져*04 시대의 파도에 휩쓸려 사라진다.

🗡 혁명을 맡은 무능 집단

프랑스는 근세에 '절대주의 체제'를 완성시켰기 때문에 근세의 패권을 거머쥘 수 있었다. 하지만 그 때문에 새로운 시대(근대)를 맞이했을 때 이에 대응하지 못하고 뒤처지고 말았다.

앙시앵레짐*05은 근대에 들어 야유를 받을 만큼 늙어 빠져 도저히 오래된 껍질을 벗지 못하고, 마침내 '죽음(혁명)'을 맞이하게 되었다. 이것이 바로 그 유명한 '프랑스혁명'이다.

삼부회*06가 개최된 것을 계기로 제3신분(서민)이 혁명을 일으켜 어이없게 왕당파(특권 귀족)가 쓰러지자 혁명파는 금세 다음의 세 파로 분열한다.

- 상류층을 대변하는 후이얀파
- 중산층을 대변하는 지롱드파
- 하층 계급을 대변하는 자코뱅파*07

그렇지만 그들은 역사의 흐름 덕분에 정권을 쥐었을 뿐, 실체는 정치에 서툰 아마추어 집단이었다.

현대에 빗대어 말하자면, 여당이 하는 일마다 죄다 반대하고 비난

---

*04 일본의 막번 체제의 지배 계급이었던 무사도 근세를 맞아 무기가 칼과 활에서 화약과 전함으로 대체되자 금세 시대에 뒤떨어져 사라진 것을 떠올리면 이해하기 쉽다.

*05 ancien regime, 프랑스어로 '시대에 뒤떨어진 옛 제도'를 의미하나, 일반적으로는 프랑스 혁명 전의 '구제도'를 가리킨다.

*06 중세(1302년)에 만들어진 왕권을 지지하는 자문기관이다.

*07 처음에는 혁명파 전체를 '자코뱅 클럽'이라 불렀고, 그 안에 후이얀파와 지롱드파, 몽테뉴파가 분립했다. 그 후, 자코뱅파에서 후이얀파와 지롱드파가 분리됨으로써 자코뱅파−몽테뉴파가 되었기 때문에 이후는 몽테뉴파를 '자코뱅파'라고 불렀다(협의). 하지만 대개는 몽테뉴파와 정치이념이 가까운 '코르들리에 클럽'까지 포함시키기도 한다(광의).

하고 욕하면서 트집을 잡아 소리 지르는 일 외에 아무 재주가 없는 야당이 어쩌다 운 좋게 정권을 잡으면 어떻게 될까?

현대 정치에서도 종종 보이는 장면이지만, 프랑스의 경우는 더 처참했다. 먼저 상류층을 지지하는 후이얀파가 실권을 쥐었으나, 그들은 자신이 정권을 담당한 순간에 반동화해 시민을 학살하기 시작했기*08 때문에 시민의 지지도는 단번에 급락해 곧 중산층을 지지하는 지롱드파로 정권이 교체된다. 그런데 지롱드파의 무능 때문에 시민이 왕조를 그리워할 만큼 정치·경제·사회는 점점 악화된다.

게다가 당시 프랑스는 밖으로 영국, 네덜란드, 프로이센, 러시아, 오스트리아, 사르데냐, 스페인, 포르투갈 등 그대로 팔방으로 둘러싸여 교전을 펼치는 와중에,*09 안으로는 혁명 정부의 잘못으로 대규모 농민반란*10이 발발한다.

심지어 교전 중인 뒤무리에즈 장군이 정부 전복을 계획하는 등, 혁명정부는 거의 불능 상태인 데다, 정작 지롱드 의원들은 그저 사욕을 챙기는 데 급급해 무위무책이었다. 이러한 정세 속에 야당(자코뱅)의 추궁에 대한 지롱드 의원의 "폭풍이 지나갈 때까지 그저 기다릴 뿐이

---

*08 마르스 광장 학살 사건을 가리킨다.
*09 프랑스 혁명전쟁(1792~1802년). 프랑스 혁명으로 탄생한 프랑스 공화국 정부와 공화제에 반대하는 오스트리아·프로이센·영국·러시아·프랑스 왕당파 등 사이에서 벌어진 전쟁으로, 프랑스 지롱드 정부가 전쟁을 시작했다.
*10 방데 반란(1793~1796년)은 프랑스 혁명 정부의 징집령에 대항해 봉기한 농민군과 프랑스 혁명정부 사이에 벌어진 대반란으로, 프랑스 서부에서 일어났다.

다!"라는 대답은 시민을 경악하게 했다. 그의 대답은 국가 존망이 걸린 일을 앞에 두고 아무런 방법도 강구하지 않겠다고 선언한 것이나 다름없어 시민들은 할 말을 잃었다.

🗡 불통의 혁명가, 로베스피에르의 등장

**"이런 난국에 아무 것도 하지 않고 손 놓고 있겠다는 것은
범죄나 다름없다!"**

정부나 혁명이 무엇을 위한 것인지를 묻는 로베스피에르의 추궁을 앞두고 마침내 지롱드 정권이 무너졌다. 그리고 드디어 자코뱅파에 기회가 돌아왔다. 하지만 자코뱅파는 마냥 기뻐할 수도 없는 상황이었다. 상류층을 대변하는 후이얀파가 비틀거리고, 그 뒤로 중산층을 대변하는 지롱드파가 무너진 데 이어, 하층 계급을 대변하는 자코뱅파마저 잘못하면 어떻게 될까? 왕정을 멸하고 왕을 단두대에 보낸 혁명파 모두 다 무능하다는 것을 스스로 증명해 버리는 꼴이 된다. 혁명파 최후의 보루, 자코뱅파에게 실패는 허용되지 않았다.

아니, 그뿐인가. "혁명이 일어난 후 오히려 살기 어려워졌다!", "왕조시대가 차라리 나았다!"라고 불만을 토로하는 소리가 시민 사이에서 흘러나와 왕조 시대로 퇴보하게 되면 혁명파는 왕당파에게 '대숙청'될 게 틀림없다.

"어떻게 해서든지 혁명을 성공시켜야 한다!"

다행인지 불행인지 이 타이밍에 실권을 잡은 막시밀리안 프랑수아 로베스피에르(Maximillien François Robespierre)는 지금까지의 혁명파 정치가와는 전혀 다른 독특한 인물이었다. 로베스피에르는 원래 변호사 출신의 법률 전문가로, 앞으로 입법을 담당할 사람으로서는 적임자였다. 게다가 성격은 지극히 순수하고 청렴결백하고 성실하다 못해 고지식했다.

지금까지의 혁명가처럼 권좌에 앉자마자 금세 부패의 온상이 되어 뇌물이 횡행하고 사욕을 챙기고 사치의 한계에 이르는 일 없이, 실권을 잡은 뒤에도 마음을 놓기는커녕 "우리가 정말로 이 사업을 완성시키기 위해서는 앞으로 침식을 잊고 일해야 한다!"고 긴장을 호소할 정도로 일체의 뇌물도 받지 않고 혁명 이전의 검소한 생활을 계속하며 원리원칙을 중시하고 조용하게 정무에 매진하는 인물이었다.

게다가 그의 소속은 자코뱅파였다. 지금까지의 후이얀파와 지롱드파는 부자 우대 정책뿐이어서 무엇을 위한 혁명이었냐며 시민의 불만이 증폭되어 갔지만, 로베스피에르는 늘 가난한 사람의 편이었다.

그야말로 이상적인 인물의 등장이었다. 사람들은 이제 드디어 좌절했던 혁명도 거침없이 움직이기 시작할 것이라고 생각했다. 그런데 그가 만들어 낸 것은 모두가 무서워 떨게 만드는 공포정치[11]였다.

---

*11 이때의 공포정치(Terreur)는 나중에 '테러'의 어원이 되었다.

⚔️ '이상'만 바라본 로베스피에르

혁명을 위해 태어난 인물, 로베스피에르는 전부터 자신 안에서 따뜻하게 키워 온 이상을 차례차례로 현실에 적용해 갔다. 그는 우선 자신의 이상사회를 반영시킨 '1793년 헌법'을 공포하고, 빈농의 구제를 위해 '봉건적 특권의 무상 폐지'를 선언했다. 그리고 비정상적인 물가 상승을 억제하기 위해 '최고가격령'을 공포했다.

하지만 연달아 실행되어 갔던 그의 이상은 죄다 예상이 빗나가 화근이 되었다. 지롱드 정권 시절보다 사회·경제가 악화 일로를 걷는 가운데 시민의 원성이 높아졌다.

어째서 이렇게 모두 잘못되는 거지? 로베스피에르는 그 이유를 이해할 수 없었다.

그는 순수하고 고지식했다. 그는 한 푼도 뇌물을 받지 않았다.

그는 사치도 않고 여자도 멀리하고,*12 오직 일심불란하게 정치에 몰두했다.

하지만 로베스피에르는 정치가로서 치명적인 결함을 안고 있었다. 바로 정치가로서는 안타까울 정도로 무능했다는 것이었다. 자신의 '이상'을 담은 신헌법(1793년 헌법)은 너무나도 초현실*13적이어서 공포한

---

*12 젊은 시절 결혼 직전까지 갔던 데조루티 양과도 손 한 번 잡지 않았고, 혁명 이후 뇌물 대신 보내진 여자에게도 손가락 하나 대지 않았으며, 그와 하룻밤을 보냈다는 여성도 나타나지 않았다. 이를 지켜본 로베스피에르의 여동생은 '오빠는 평생 여자를 몰랐을 것'이라고 증언했다.

순간 '다만 실시는 하지 않는다!'고 선언하지 않을 수 없었다. 그렇다면 대체 무엇을 위해 신헌법을 공포한 걸까?

또한 그는 물가가 급등하고 있다는 보고를 듣고 '더 이상 물가를 올려서는 안 된다'고 규정(최고가 격령)하고 이것을 억제했다. 이것은 농민이 '비가 내리지 않아 어려움을 겪고 있다!'고 호소하는 소리를 듣고 '비가 내리게 하라는 명령'을 내리면 해결된다고 생각하는 것만큼 어리석은 정책이다. 경제는 자연과 마찬가지여서 법으로 정해 다스릴 수 없다. 아나나 다를까, 어느새 지하 경제가 번성해 경제는 대혼란에 빠졌다. 이로써 로베스피에르가 정치뿐만 아니라 경제에도 서툴다는 것이 증명되었다.

또한 로베스피에르는 '봉건적 특권'을 무상으로 폐지해, 자신의 이상을 실현시켜 농노를 자작농(자영농민)으로 만들었다. 농노들은 기뻐했지만, 그 결과로 인해 로베스피에르의 눈앞에 들이닥친 현실은 심각했다. 자작농(중산층)이 된 농노들이 더 이상 하층 계급을 대변하는 정당인 자코뱅파를 지지하지 않았기 때문이다. 이상을 추구한 로베스피에르는 이렇게 자신의 지지 기반을 스스로 파괴하는 우를 범했다.

---

*13 1793년 헌법에서 로베스피에르는 '시민들은 정부의 횡포에 대해 반란·혁명을 일으킬 권리(저항권)가 있다'고 했다. 자신들이 이전 왕조를 무너뜨리고 왕을 단두대에 보낸 것을 정당화했지만, 당시는 '방데 반란'이 일어나고 있었기 때문에 반란군에게 정당성을 내주게 된 셈이었다. 이 헌법에 따르면 정부는 반란을 진압할 수 없게 되어 버린다.

⚔️ '어른의 사정'을 이해하지 못한 로베스피에르

성인들의 사회는 '겉마음과 속마음', '어른의 사정'이라는 것이 있다. 예를 들어, 언론이 스폰서 부정을 문제 삼지 않는 것도 '어른의 사정'이다. 법으로 금지되어 있을 도박이 거리로 나와 네온사인을 걸고 영업하는 것도 어른의 사정이다.

일본의 헌법에서 '육해공군 기타 전력을 보유하지 않겠다'고 노래하면서 세계 10위권 군사 대국*¹⁴인 것도 엄연히 어른의 사정이다.

여기에서는 자세히 언급하지 않겠지만 세상은 어른의 사정으로 가득 차 있다. 그중에서도 정치는 그 정도가 가장 심하다. 이는 선악이나 옳고 그름의 문제가 아니라서 이를 없애면 사회도 정치도 전혀 성립될 수 없다.

세상을 모르는 순진한 사람들은 이런 세상의 이치를 전혀 이해하지 못한다. 로베스피에르도 현실을 전혀 이해하지 못하고, 자신이 내건 '이상'을 항상 진심으로 실현시키려고 노력했다.

그런데 역사를 돌이켜 보면 정치에 '현실을 무시한 이상'을 도입하면 반드시 지옥도가 펼쳐진다. 우리는 이미 이와 같은 이치를 1장(쑨원)에서도 확인했다. 정치의 기본을 모르는 무능한 인간은 아무리 성실하거나 진지하게 몰입해도 구제불능이다.

로베스피에르는 자신의 이상을 정책에 반영할 때마다 정치가 점점

---

*14 일본보다 상위인 군사대국은 대부분 핵보유국이므로, 핵을 보유하지 않은 국가 가운데 일본의 군사력은 세계 최고 수준이다.

악화되는 데에 초조함을 느꼈다. 그는 실패의 원인이 자신의 무능인 줄은 꿈에도 생각하지 않고, 반혁명 분자가 자신의 이상을 방해하기 때문이라고 단정해 '공포정치'라 불리는 대대적인 숙청을 시작했다.

20세기 독일의 사령관 폰 해머슈타인은 이렇게 말했다.

"사람은 똑똑하고 근면한 유형, 똑똑하지만 태만한 유형, 어리석지만 근면한 유형, 어리석고 태만한 유형으로 나뉜다. 다른 세 유형은 제각기 사용할 데가 있다. 하지만 '어리석고 근면한 유형'만은 쓸모가 없기 때문에 어떠한 직책도 주어서는 안 된다."[15]

어리석고 근면한 유형은 자신의 무능을 모르고 잘못된 행동을 적극적으로 저질러 계속해서 주위에 큰 피해를 주는데, 로베스피에르야말로 그 전형이었다.

🗡 죽여도 죽여도……

계기는 마리 앙투아네트였다. 1793년 10월 '아들과 근친상간했다'는 혐의를 내세워 그녀를 단두대에 보낸 것을 시작으로, 로베스피에르가 단두대에 보낸 사람은 수도 없이 많다. 대표적인 인물을 살펴보자.

• 지롱드파의 지도자 부릿소(Jacques Pierre Brissot)

---

[15] 항간에 이 말이 한스 폰 젝트 장군의 '무능한 일꾼은 처형할 수밖에 없다'는 말로 바뀌어 퍼졌다.

- 왕족이면서 언제나 혁명파에 아양을 떨었던 필립 오를레앙 평등공 (Louis Phillppe, duc d'Orleans)
- '지롱드의 여왕'이라고 불린 롤랑 부인(Manon Philipon Roland de la Platiere)
- 혁명파 초창기 지도자 장-실뱅 바이(Jean Sylvain Bailly)
- 후이얀파의 지도자 바르나브(Antoine Pierre Joseph Marie Barnave)

로베스피에르는 쟁쟁한 사람들을 차례차례로 단두대에 보냈다. 이후 한 달에 60~70명 정도가 단두대에서 목숨을 잃었지만, 정치는 조금도 안정되지 않았다. 원인은 로베스피에르의 무능에 있었으니까 당연한 일이었다. 하지만 당사자인 로베스피에르는 그 이유를 알지 못했으니 초조하기만 했다.

"왜지! 정적은 대강 숙청했는데, 왜 경제가 안정되지 않는 거야? 아직 피가 부족하다는 건가!?"

🗡 그리고 파국으로……

지금까지 살펴본 것처럼 숙청은 한 번 발동되면 브레이크가 고장 난 폭주 기관차처럼 파국을 맞이할 때까지 멈추지 않는다.*16 외적이 없어져도 숙청은 끝나지 않고 그 화살이 '안'으로 향할 뿐이다. 하지만

---

*16 숙청의 논리 ③(p.47) 참조.

그렇게 되면 파국도 가까워진다.

로베스피에르는 그 준비로서 봔토즈법(풍월법, 반혁명 파의 재산을 몰수하여 가난한 사람들에게 무상으로 배분할 것을 제안한 법률)을 통과시킨다. 이 법률은 혁명에 협력하지 않은 사람을 일방적으로 '반혁명 분자'로 단정짓고 전 재산을 몰수할 수 있다는 내용으로, 이를 통해 헌법은 엉망이 되어 버렸다. 이것은 전직 변호사가 만든 법률이라고 믿기 어려울 정도였다. 다른 의원들도 내심 반대했지만 멋모르고 반대하는 목소리를 냈다가는 반혁명 분자로 치부되어 숙청당할 가능성이 컸다. 그렇기 때문에 이런 파렴치한 법안이 만장일치로 통과한 것도 이상할 게 없었다.

당시 자코뱅파는 주로 좌파의 지도자 자크 에베르(Jacques René Hébert), 우파의 지도자 조르주 당통(Georges Jacques Danton), 그리고 주류파인 로베스피에르로 나뉘어 있었다. 그런데 봔토즈법을 통과시킨 로베스피에르는 먼저 에베르에게 조준을 맞췄다. 체포 이유는 '셔츠 절도죄'였다. 이미 처형하는 이유 따위는 아무래도 상관없는 일이 되었기 때문에, 이를 경계로 처형의 수가 폭발적으로 증가한다.

다음 달에는 당통 차례였다. 당통은 로베스피에르의 둘도 없는 친구였기 때문에 다른 의원들도 동요한다.

"당통조차 단두대를 면하지 못한다면

대체 누가 죽음을 면할 수 있겠는가!?"

공포에 떠는 의원들을 의식하지 않고, 로베스피에르는 일일이 재판을 하는 시간을 기다리기 답답하다는 듯이 '피고인에게 변호사나 증인이 붙는 것을 금지', '예비심문과 진술조서를 작성하는 것을 폐지', '증거가 없어도 심증만으로 판결을 내릴 것을 권장'한다는 프레리알법을 통과시킨다. 새로운 법에 의해 처형되는 사람 수는 날로 증가해[17] 파리에서만 하루에 70여 명의 무고한 사람들이 단두대로 이송된[18] 적도 있었을 정도로, 로베스피에르의 정치는 혁명정부라기보다 '처형기관'의 양상을 보였다.

"로베스피에르가 페이시스트라토스[19]와 다를 게 뭔가!?"

언제 죽게 될지 몰라 두려워 떠는 의원들 사이에서 이런 소리가 나오게 되면서 로베스피에르는 고립되었고, 마지막에는 정변(쿠데타)[20]이 일어나 결국 그 자신도 단두대에서 처형되었다.

---

[17] 마리 앙투아네트가 처형된 지 반년 정도는 한 달에 60~70명의 정도였던 것이 에베르가 처형된 1794년 3월에는 그 두 배 가까운 116명으로 뛰었고, 이후 당통이 처형된 4월에는 155명, 5월에는 약 350명, 프레리알법이 통과한 6월에는 약 500명, 7월에는 약 800명으로 가속되었다.

[18] 기록에 따르면 1794년 7월 7일 68명, 29일에 70명이 단두대에서 처형됐다.

[19] 기원전 6세기 고대 그리스의 아테네에 나타난 독재자의 이름이다.

[20] 혁명 이후의 열월(熱月)인 9일(1794년 7월 27일)에 일어났기 때문에, '테르미도르 9일의 쿠데타'라고 한다.

🗡 숙청이 끝나도 상처는 깊었다……

그의 죽음과 함께 공포정치도 마침내 종식으로 향했다. 하지만 그렇다고 비극이 끝난 것은 아니었다. 공포정치는 1년도 못 가 무너졌다. 그동안 프랑스 전체에서 60만~80만 명의 사람들이 처형[*21]되고, 남은 것은 황량한 초토뿐이었다.

괜찮은 정치인들은 모두 죽고 정치 신조라곤 눈꼽만큼도 없이 그저 시류에 몸을 맡기는 자들만 남았다. 강한 자에게 아부해 살아남은 사람, 로베스피에르가 '죽일 가치도 없다'고 거들떠보지도 않던 '소인'[*22]들 뿐이었다. 소인들이 정치에 뛰어든 까닭은 허영심을 채우기 위해, 밥을 벌어먹기 위해, 사리사욕을 채우기 위해서였다. 천하 국가를 위해 신념과 포부를 품고 정치가가 된 자는 대부분 공포정치를 통해 사멸되었다.

로베스피에르가 죽은 뒤 집권한 '총재정부(總裁政府)'는 그런 정치꾼들의 소굴이었다. 프랑스 역사학자 알베르 마티에(Albert Mathiez)는 이렇게 평가한다.

"정치가는 정치꾼에게 점령당했다. 국가적 인물은 모두 죽었다.

후계자들은 국가를 희생시켜 자기 배만 불리기 바빴다."

이런 자들에게 몹시 황폐해진 국가를 재건하는 능력이 있을 리 만

---

*21 그 수가 너무 많아 정확한 숫자는 알 수 없다. 처형 방법은 단두대에 한정하지 않고, 도끼로 죽이는 참수형, 화형, 익형, 사살형, 대포형(대포 사살) 등 잔인한 처형 방법이 실행되었다.

*22 이러한 사람들을 통틀어 '평원파'라고 불렀다.

무했다. 물가는 미쳐 날뛰고 경제는 곤두박질쳤다. 시민들의 원성은 하늘에 메아리쳤다.

"로베스피에르의 시대에는 '피'는 흘렀지만 '빵'은 있었다.

지금은 '피'는 흐르지 않지만 '빵'이 없다.

빵을 손에 넣기 위해서는 피가 필요하다!"

이렇게 해서 각지에서 반란과 쿠데타 소동이 잇따랐다. 하지만 시민들도 이 혼란스럽고 무질서한 사회를 누구에게 맡겨야 할지 몰라 허둥대며 쩔쩔맬 뿐이었다.

🗡 대외 팽창전쟁으로 사태를 타개하다

완전히 앞이 보이지 않게 된 어두운 암흑시대에 한 줄기 빛이 비쳤다. 바로 나폴레옹 보나파르트(Napoleon Bonaparte)의 등장이었다. 시민들이 이 젊은이에게 모든 것을 맡기게 되면서 프랑스는 '나폴레옹 제국'이라는 독재 국가를 낳게 되었다. 나폴레옹은 혼란에서 벗어나기 위한 방법을 대외 팽창전쟁에서 찾았다. 이후 10년에 걸친 '나폴레옹 전쟁'을 일으켜, 프랑스혁명에서 죽은 사람과는 비교가 되지 않을 정도로 많은 인구[23]가 목숨을 잃었다.

원래 프랑스혁명은 '절대 왕정'을 무너뜨려 이 세상을 더 좋게 만들

---

*23 이 또한 희생자 수가 너무 많다. 역사가에 따라 차이가 있긴 하지만 프랑스 측에서는 대략 200만 명 정도가 희생된 것으로 보고 있다.

려는 것이었다. 그 결과, 피를 피로 씻는 '혁명의 10년'을 거쳤고, 드디어 혁명이 끝나는가 했더니, 마침내 절대 왕정도 압도하는 독재 국가 제국이 탄생했다. 이후에는 그치지 않고 전쟁의 15년 속으로 빠져들었다.[24] 어디선가 시민들의 탄식이 들려오는 듯하다.

"누구를 위한 혁명 10년이었는가."

⚔ 프랑스가 저지른 잘못

그럼 프랑스는 어디서부터 단추를 잘못 채우기 시작한 것일까.

첫째, 시민들이 '풋내기 아마추어에게 정치를 맡긴 탓'이다. 정치는 결코 누구나 할 수 있는 일이 아니다. 정치가는 의사나 변호사, 조종사·우주비행사 등과 마찬가지로 고도의 특수 기술을 필요로 하는 전문직이다. 그런데도 다른 전문직과는 달리 정치가에게는 자격 시험이 없고, 선거에 당선만 하면 누구나 될 수 있기 때문에 누구나 할 수 있다고 착각하는 사람이 굉장히 많다. 정치 경험도 없고 전문 지식도 능력도 없는 사람을 정치가로 선택하는 것은 마치 자신이 탈 여객기를 한 번도 조종한 적이 없는 사람에게 조종시키는 것이나 다름없다고 하면 이해하기 쉬울까? 프랑스혁명을 이끈 혁명가들은 한결같이 정치계에서 일한 경험이 전혀 없는 풋내기 아마추어들뿐이었기 때문에 이

---

[24] 정확하게는 혁명이 10년(1789~1799년), 나폴레옹 통령 시대가 5년(1799~1804년), 제정 시대가 10년(1804~1814년)이다.

러한 결과는 당연한 것이다.

역사의 법칙 ⑩

'현실을 무시한 이상'을 정치에 도입하면,
그 나라는 곧 해체의 길을 걷는다.
이상은 이상일 뿐, 항상 '현실'을 감안한 정책을 펴야 한다.

둘째, 그렇게 뽑힌 정치 아마추어 로베스피에르가 이상 정치만을
추구했기 때문이다.

현실을 무시하고 이상만을 추구하는 정부는 반드시 국민을 혼돈 속
으로 끌어들이고 해체된다는 사실을 우리는 이미 쑨원의 실패를 통해
확인했다. 이상을 내거는 것 자체가 나쁜 일은 아니다. 하지만 이상은
어디까지나 마지막으로 노력할 목표로 내걸고, 눈앞의 정책은 현실을
감안하면서 시행해야 한다. 하지만 혁명은 열광에서 시작되었고, 정
치 아마추어는 '자유, 평등, 박애'라는 이상을 내걸고 이에 도취했다.
로베스피에르는 눈앞의 현실을 돌아보지 않고 자신의 머릿속에서 그
린 이상만을 추구했다. 이런 혁명은 수많은 인명을 희생시키고 실패
로 끝나는 것이 필연적이다. 하지만 그런 이치를 전혀 몰랐던 로베스
피에르는 실패의 원인을 다른 곳에서 찾았고, 그것은 처참한 대숙청
으로 이어졌다. 폰 해머슈타인 장군의 주장처럼 어떠한 직책도 주어
서는 안 되는 어리석고 근면한 인물에게 독재 권력을 넘겨 버린 결과
가 초래한 비극인 셈이다.

인덕인가, 재능인가?

플라톤의 덕치정치와 조조의 능력주의

고대 그리스 철학자 플라톤은 이렇게 주장했다.

"이상 국가란 고도의 철학 이념을 갖춘 덕이 높고 사리 사욕이 없는 자(철인왕)가 독재를 펼치는 정치체제이다!"

그의 말대로라면 로베스피에르는 전형적인 '철인왕'이다. 그러면 플라톤의 이상 군주인 철인왕이 현실 속 독재자가 되었을 때, 프랑스는 이상 사회가 되었을까?

이에 대해 중국의 조조는 단언한다.

"여자에게 무르든 뇌물을 받든, 출신 성분이 낮든, 전과자이든 재능만 있으면 상관없다! 정치에 필요한 것은 인덕보다 재능이다!"

이렇게 '유재시거(唯才是擧, 재능 위주의 인사 정책)'를 인재 등용 원칙으로 삼은 조조는 곧 천하를 호령하게 되었다.

정치가에게 덕목을 요구하면 로베스피에르를 낳고, 나라는 혼란에 빠진다. 하지만 재능을 요구하면 순욱(荀彧, 삼국시대 위나라 관리이자 책략가)과 가후(賈詡, 위나라 조조의 책모가)를 얻어 천하를 호령한다. 어느 쪽이 맞는지는 불을 보듯 뻔하다.

프랑스혁명에서 탄생한 새로운 이상이 러시아를 지옥으로 끌어들이다

⚔ 출발점으로 되돌아오다

원래 프랑스혁명은 시대에 뒤떨어진 절대왕정(부르봉 왕조)을 타도하기 위해서 일어났다. 하지만 차마 눈뜨고 볼 수 없는 피비린내 가득한 10년 간의 혁명 시대가 지나도 사태는 수습되지 않았다. 다시 15년에 걸친 나폴레옹 전쟁을 극복하고 마침내 안정되는가 했더니, 그 결과 생겨난 것이 부르봉 왕조였다. 주사위 놀이판으로 치면 출발점으로 되돌아온 것이다. 반세기에 이르는 긴 시간과 이슬로 사라진 수백만의 희생은 대체 무엇을 위한 것이었을까?

부르봉 왕조의 압제가 15년 동안 계속된 후 마침내 시민들의 분노기 폭발해 다시 혁명이 일어났다. 이것이 '구월 혁명'이다. 이에 의해 부르봉 왕조가 무너져 혁명이 성공했다고 생각했으나, 그 결과 태어난 것은 부르봉가의 방계(친척) 오를레앙 왕조였다. 황제(부르봉가)가 떠나고 장군(오를레앙)이 남았다. 주사위 놀이에 비유하면, 모처럼 '6'이 나왔는데 다섯 칸이나 뒤로 되돌아간 것이나 다름없다.

이렇게 프랑스의 혁명은 불완전 연소로 끝났다. 신왕 루이 필립도 국민의 눈치를 보며 '프랑스의 왕'이라고는 하지 않고 '프랑스 국민의 왕'이라고 자칭하며, 일단 '국민에게 상냥한 왕'의 모습을 보였기 때문에 시민들은 싸움을 그만두고 수습한다.

⚔️ 잘못은 되풀이되는가?

하지만 그것도 잠시, 왕은 잇따라 부르주아 우대 정책을 내세워[*01] 부자는 점점 더 부유해지고 가난한 자는 더욱 가난해지는 양상(마태 효과)을 드러냈다.

시민들의 실망이 확산되면서 곧 '주식업자의 왕'이라고 험담하는 소리가 들리기 시작했다. 그런 가운데 새로운 이데올로기에 매료되는 사람들이 나타나기 시작한다. 바로 '사회주의'이다.

생시몽(Saint-Simon), 샤를 푸리에(Charles Fourier), 피에르 르루(Pierre Leroux)[*02]를 중심으로, 시민들은 사회주의라는 새로운 이데올

[*01] 이 무렵부터 프랑스에서도 산업혁명이 부흥하기 시작했기 때문에, 왕도 이를 발전시키기 위해 부르주아를 우대할 수밖에 없었던 사정도 있었다.
[*02] 로버트 오웬, 생시몽, 샤를 푸리에는 '3대 공상적 사회주의자이다.' 피에르 르루는 '사회주의'라는 용어를 만든 사람이다.

로기*03에 바탕을 둔 '이상 사회' 건설을 주장하기 시작했다. 프랑스혁명의 대숙청이라는 참사가 정치에 이상을 반영시키려고 한 어리석음이라는 건 전혀 눈치채지 못하고, 다시 한 번 정치에 '이상'을 도입하려 했다.

그런데 다행인지 불행인지, 그들은 아직 "이런 사회를 만들면 된다", "저렇게 하면 된다"는 식으로 '이상'을 입에 담을 뿐, 그러한 이상 사회를 실제로 건설하기 위해서 구체적으로 무엇을 어떻게 하면 좋을지 현실적인 시책에 대해서는 말끝을 계속 흐렸다. 그렇기 때문에 결국 '그림의 떡', '탁상공론'의 범위를 벗어나지는 못했다. 그리고 그 덕분에 그다지 피해도 없었다. 그들의 유치한 이론이 한편으로는 다행이었던 셈이다.

✒ 반복된 잘못이 '지옥의 화염'이 되어 러시아를 덮치다

그런데 이에 '현실성'을 제공한 것이 칼 마르크스(Karl Marx)와 프리드리히 엥겔스(Friedrich Engels)이다. 그들은 생시몽으로 대표되는 기존의 사회주의를 '공상적'이라고 비판하고, 변증법적 유물론으로 사회주의를 실현하는 과정을 명시한다. 과정이 명시되자 '마르크스 이론'을 곧이곧대로 받아들이고 이를 실현하려는 자가 나타난 것은 시간문제였다.

---

*03 사회주의적 이념 자체는 이미 플라톤의 《국가》나 투머스 모어이 《유토피아》 등에서도 등장한다. 하지만 어디까지나 '상상화', '동화'에 지나지 않고, 진짜 정치에 반영시키려고 노력하는 '근대적 이데올로기로서의 사회주의'는 이때부터 시작한다.

그런데 마르크스는 《자본론》에서 '다가올 사회주의 혁명은 선진 자본주의가 발달한 서유럽에서 일어날 것'이라고 예언했다. 마르크스 이론은 '변증법적 유물론'을 기초 이론으로 구축된 것인데, 이 논리로 따져 가면 아무래도 필연적으로 그렇게 되기[04] 때문이다. 그런데 자본주의가 미성숙한 러시아에서 사회주의 혁명이 일어나는 등 논리적으로는 있을 수 없는 일이 일어났다.

마르크스의 예언은 그의 사상의 근간을 이루는 것이다. 따라서 예언이 빗맞았다는 것은 그의 이론 그 자체가 잘못됐다는 것을 증명하는 것인 만큼 중요한 의미를 갖는다. 그가 예언한 자본주의 선진국인 영국과 프랑스에서 사회주의 혁명이 일어나지 않고 이론상 절대로 일어날 수 없는 자본주의 후진국 러시아에서 일어나다니……. 마르크스가 '머릿속으로만 조립한 논리'가 '현실'을 앞에 두고 쉽게 무너진 순간이다.[05] 이와 같은 상황을 보면 《자본론》은 휴지 조각처럼 아무 쓸모가 없어졌지만, 때는 늦었다. 이미 '신앙' 상태에 있던 러시아의 마르크스주의자들은 이 사실을 인정하지 않을 뿐 아니라 이해하지 못하고 그대로 혁명으로 이어나가게 된다.

---

[04] 왜 그렇게 되는지에 대해 논하려고 하면 상당한 지면을 필요로 하는 데다 이 책의 논지에서 벗어나기 때문에 여기에서는 상세히 설명하지 않겠다. 자세하게 알고 싶은 분은 졸저 《세계사 극장 러시아 혁명이란 강진(世界史劇場 ロシア革命の激震)》을 참조하기 바란다.

[05] 원래 머릿속으로만 생각했던 이상을 현실의 사회·정치·경제에 그대로 적용시켜 통용할 정도로 인간의 이성이 뛰어나지는 않다. 완전히 과대평가한 것이지만 세상에는 그렇게 '할 수 있다!'고 믿어 의심치 않는 사람들이 있다. 마르크스도 그런 이성 만능주의자들 중 한 사람이었다.

🗡️ 러시아 마르크스주의자의 분열과 대립

당연히 눈앞에 놓인 문제는 산적했다. 원래《자본론》은 30년에 걸쳐 마르크스가 영국박물관 도서실*06에 다니면서 영국 경제를 철저하게 연구하고 쓴 것이다.

영국 경제를 전제로 구축된 이론이니, 영국과는 전혀 다른 차원의 러시아 경제에 적용시키는 것*07은 애당초 무리수였다. 하지만 무리수를 밀어붙이려는 것이기 때문에 마르크스주의에 대한 해석을 둘러싸고 러시아의 마르크스주의자들이 갑자기 분열하며 대립하게 된다.

- 우파: 마르크스주의를 중시하는 멘셰비키.*08 이상주의

  러시아 '현실'에서 눈을 돌려 어디까지나 마르크스주의의 '이상'을 말 그대로 엄수했다.

- 중도파: 마르크스주의를 경시하는 볼셰비키.*09

  러시아의 '현실'에 맞춰 마르크스주의를 조정했다.

- 좌파: 마르크스주의를 무시한 트로츠키즘.*10 현실주의.

  러시아 '현실'에 맞지 않는 마르크시즘의 가르침은 철저히 배제했다. 좀 더 구체적으로 살펴보면, 마르크스는 '사회주

---

*06 현재의 영국도서관이다.
*07 굳이 비유하자면 '둥근 맨홀 구멍에 네모난 뚜껑을 덮으려고 하는 것'과 같다.
*08 러시아 반레닌 성향의 마르크스주의 우파 정치세력을 가리키며 러시아어로 소수파를 뜻한다.
*09 레닌에 의해 견인된 피벌로 레니니즘(레닌주의)이라 불리며, 러시아어로 다수파라는 뜻이다.
*10 러시아의 혁명가 트로츠키의 사상과 그것에 의거한 운동이다. 트로츠키주의.

의를 실현하기 위해서는 두 단계 혁명을 거쳐야 한다(2단계 혁명론)'고 주장했다.

제1혁명은 자본가(부르주아)에 의한 부르주아 민주주의 혁명이고, 제2혁명은 노동자(프롤레타리아)에 의한 프롤레타리아 사회주의 혁명이다.

하지만 여러 번 강조한 바와 같이 마르크스의 주장은 영국 경제를 전제로 고안된 것으로, 러시아에서는 아직 자본가가 너무나 미숙해 제1의 시민혁명이 일어날 기미조차 보이지 않았다. 그래서 러시아의 마르크스주의자들은 이를 어떻게 러시아에 적용시켜 나갈 것인가를 두고 의견이 엇갈렸다.

"자본가의 세력이 약하면 노동자들이 그들의 혁명을 도와주면 된다"며 '노자(勞資)동맹'을 제창한 사람은 멘셰비키(Mensheviks)였다. 이에 반해 "노동자의 적인 자본가와 동맹하여 혁명을 달성하는 것은 비현실적이다! 러시아는 농민이 대다수이기 때문에 농민과 협력하여 시민혁명을 일으키면 된다!"며 '노농(勞農)동맹'을 제창한 사람은 블라디미르 레닌(Vladimir Lenin)이었다.

이 모두를 비현실적이라 비판하며 "원래 마르크스가 말하는 '2단계 혁명론'에 집착하는 것은 잘못이다. 이곳은 영국이 아닌 러시아다. 시민혁명을 내던지고 노동자혁명을 일으키면 된다!"[11]고 노동자 단독

---

[11] 마르크스와 멘셰비키, 볼셰비키가 말한 대로 2단계 혁명으로 사회주의에 이르는 것이 아니라 한달음에 사회주의를 실현하겠다는 그의 주장을 '영속혁명론(1단계 혁명론)'

혁명을 제창한 사람이 레온 트로츠키(Leon Trotsky)이다.

'자본가와 협력하여 시민혁명을!' (멘셰비키)

'농민과 협력하여 시민혁명을!' (볼셰비키)

'누구에게도 의지하지 않고 노동자만으로 단번에 사회주의 혁명을! (트로츠키즘)'

이렇게 삼인삼색으로 대립하면서 러시아는 '그날'을 맞이하게 된다.

🗡 멘셰비키의 노자동맹 혁명

혁명은 갑자기 일어났다.

1917년 국제 여성의 날에 여공들이 일으킨 빵을 위한 민중시위가 단숨에 혁명으로 확장되었다. 시위가 일어난 당초에는 페트로그라드 (지금의 상트페테르부르크)의 혁명가들도 이것이 설마 역사에 길이 남을 '러시아 혁명(2월 혁명)'이 될 줄은 꿈에도 생각하지 않고, "흥! 어차피 빵 한 덩어리 입에 넣어 주면 금세 수습될 거야!" 라며 냉소적인 반응을 보였다.

그런데 사태가 수습될 기미를 보이기는커녕 날이 갈수록 확대, 폭동화하자 "이 소란을 통제할 수 있는 자가 천하를 호령할 수 있다!"며 혁명가들이 편승하기 시작했다. 작은 시위에서 시작된 폭동은 단번에 혁명이 되었다. 하지만 이 중요한 때 당시 스위스 취리히에 망명 중이던 레닌은 본국 러시아에서 혁명이 일어난 것조차 알지 못해, 이 혁명에 편승할 좋은 기회를 놓치게 된다.

대신 기회를 잡은 사람이 멘셰비키였다. 멘셰비키는 노자동맹에 의한 시민혁명을 주도해 임시정부를 수립함으로써, 이 혼란 속에서 300년의 역사를 자랑하던 로마노프 왕조는 어이없이 멸망한다.

늘 멘셰비키가 제창하고 레닌이 '실현 불가능하다'고 비판했던 '노자동맹에 의한 시민혁명'이 현실화되자, 레닌은 단순히 혁명에 참가하지 못했을 뿐 아니라 이데올로기부터 잘못된 것으로 판명되어 '혁명가'로서의 존재 의의조차 사라졌다. 그리고 그는 역사의 무대에서 사라져 가는 듯했다.

⚔ 레니니즘의 노농동맹 혁명

하지만 레닌은 포기하지 않았다. 포기하지 않는 사람에게는 몇 번이든 좋은 기회가 찾아오는 법이다. 레닌은 즉시 봉인열차*12로 귀국해 안정되기 시작한 혁명을 휘저어 놓음으로써 자신이 나설 차례를 만들려고 시도했다. 하지만 그러기에는 지금까지 자신이 주장했던 '2단계 혁명론'은 더 이상 존재 의의가 없어져 국민을 선동할 구실을 찾을 수 없었다. 그래서 시원스럽게 정적 트로츠키가 주장하던 '영속혁명론(1단계 혁명론)'에 얹혀 "이대로 단번에 사회주의로 돌진해야 한다!"고 주장

---

*12 레닌을 귀국시키기 위해 독일이 준비한 열차. 레닌을 러시아에 데려다 주는 대신 독일 측은 '독일 영내 통과 중 절대로 기차에서 나오지 않을 것, 독일 시민과 접촉하지 않는 것'을 조건으로 내걸었기 때문에 봉인열차라는 이름이 붙었다.

한다(4월 테제).

지금까지의 주장을 미련 없이 버리고 트로츠키즘으로 갈아타는 주책 없는 변절자라니! 레닌 지지자들에게조차 비판의 목소리가 터져 나오는 것은 물론 각 방면에서 비난의 집중포화가 쏟아졌다.*13 하지만 2월 혁명의 성공으로 혁명가로서 '죽은 몸'이 된 그에게는 다시 자신의 존재 의의를 찾기 위해 체면도 수치스러움도 내던져 버리고 영속혁명론에 편승하는 것 외에는 달리 방법이 없었다.

레닌은 임시 정부가 무너지기를 기다렸으나, '현실을 감안하지 않는 이상을 정치에 도입하면 반드시 실패한다'*14는 것은 지금까지 여러 차례 확인했다. 어쨌든 멘셰비키는 현실을 감안하지 않고 마르크스주의 이상만을 추구하는 자였다. 그렇기 때문에 그가 공리공론만을 앞세워 얼마 지나지 않아 국민의 신임을 잃자, 다시 레닌에게 좋은 기회가 다가왔다. 정권이 동요하기 시작한 낌새를 알아차린 레닌은 정적이었던 트로츠키와 손잡고 노농동맹을 기치로 내걸고 농민을 지지 기반으로 사회주의 혁명(10월 혁명)을 일으켰다. 혁명은 불과 24시간도 걸리지 않아 끝났고,*15 레닌 스스로 '새 정부 수립'을 선언했지만 그것은 레

---

*13 각 방면에서 비판에 몰린 레닌은 "내가 1단계 혁명론으로 바꾼 것은 아니다. 어디까지나 2단계 혁명론이지만 지금까지의 비연속적 2단계 혁명론에서 연속적 2단계 혁명론으로 조금 수정했을 뿐이다!"라고 강변했다. 하지만 '연속적 2단계 혁명론'의 내용이 '1단계 혁명론'과 같았기 때문에 그의 해명은 단순히 말을 바꾸었을 뿐 핑계에 지나지 않았다.

*14 역사의 법칙 ⑩ 참조.

*15 러시아력 10월 24일 아침 11시에 일어난 혁명은 다음 날 아침 10시에 승리를 선언했다.

닌이 주장하는 '노농정부'가 되지는 못했다.

　새 정부 수립을 위한 '제2회 전 러시아 소비에트 회의'에서 갑자기 볼셰비키(노동자 정당)와 SR*16(농민 정당)의 주장이 대립하며, SR은 자리를 박차고 밖으로 퇴장함으로써 공중분해되어 버린다. 이렇게 새로운 정부*17는 필연적으로 '노동자 단독 정권'이 되고 말았다.

🗡 트로츠키즘의 세계혁명

　혁명의 성공은 트로츠키의 두 가지 예언이 성취했음을 의미한다.

- 제1혁명으로서의 2월 혁명은 멘셰비키의 예언을 실현하고,
- 제2혁명으로서의 10월 혁명은 트로츠키의 예언을 실현한 것으로, 레닌의 예언은 전부 빗나갔다.

　하지만 실권을 쥐게 된 것은 멘셰비키도 아니고 트로츠키도 아닌, '빗나간 예언을 해온 레닌'이라는 아이러니한 결과가 도래했다.

　노동자 단독 정권이 이루어졌다고 해도 러시아 인구의 압도적 다수는 농민이었기 때문에 새로운 정권이 약하고 불안정한 것에는 변함이

---

*16 'SR'의 정식 명칭은 '러시아 사회혁명당'이다.
*17 정식 명칭은 '인민위원회의'. 레닌이 의장(총리), 트로츠키는 외무인민위원(장관)을 맡았다.

없었다. 그렇기 때문에 10월 혁명 직후 "뭐? 볼셰비키가 정권을 잡았다고? 어차피 3일도 못갈걸!"이라는 시민들의 조소가 곳곳에서 들려왔다.

노동자 단독 정권을 주창한 트로츠키도 이런 상황을 충분히 알고 있기 때문에 괜찮다고 수긍하며 이렇게 주장했다.

"괜찮아!! 마르크스 선생은 사회주의 혁명이 자본주의 선진국에서 발생하는 것이라 했는데, 그것이 우리나라 같은 후진국에서 사회주의 혁명이 일어났으니까 서구의 사회주의자들도 러시아에 뒤질세라 서유럽 각지에서 사회주의 혁명을 일으킬게 분명해![18] 그렇다면 앞으로 탄생할 사회주의 정권들이 동지인 우리를 구원해 줄 테니까!

하지만 서유럽에서 사회주의 혁명이 일어나지 못하고, 멘셰비즘과 레니니즘에 이어 결국 트로츠키즘도 파국을 맞는다.

---

[18] 이러한 생각을 '세계혁명론'이라고 한다. 이후 트로츠키는 이 때문에 스탈린의 '일국 사회주의'와 대립해 숙청되었다.

이상 사회 실현을 꿈꾸던 러시아를 기다린 것은 두 마왕의 지배로 인해 황폐화된 국토였다

러시아와 마르크스주의의 전멸

지금까지의 움직임을 조감해 보면 다음과 같다.

- 2월 혁명: 처음에는 멘셰비즘이 혁명을 선도했으나 불과 한 해도 가지 못하고 무너진다.
- 10월 혁명: 그런 다음 레니니즘이 혁명을 견인했지만 어느새 한 계에 부딪혔다.
- 마지막 남은 좌석에 트로츠키즘에 올라탔으나 이 역시 순식간에 파탄에 이른다.

러시아와 마르크스주의는 세 가지 혁명이 덩굴째 굴러들어 왔지만, 채 1년도 유지하지 못하고 전멸했다.

게오르기 플레하노프(Georgi Plekhanov)가 러시아에 마르크스주의를 소개한*01 이후 러시아에서는 마르크시즘의 해석을 둘러싸고, '우리 이론이야말로 정의!'*02라고 멘셰비키와 레닌, 트로츠키를 중심으로 논란이 벌어졌다. 하지만 대원의 마르크스주의 자체가 잘못된 견해였으므로, 거기에서 생겨난 해석이 올바를 리가 없었다.

"역사는 되풀이된다."

그 옛날 '땅이 움직일 리가 없다'는 고정관념(이상)에 묶인 과학자들은 천동설(天動說)을 맹신했지만, 도무지 관측 결과(현실)와는 맞지 않다. 그들은 지동설(地動說)이 관측 결과와 딱 부합한다는 것을 알고 있었으나, 인정하지 않았다. "천동설이 당연히 옳다!"는 믿음에 의해 그들은 행성은 궤도 위를 등속 운동한다*03는 무리가 있는 논리를 제기하고 억지 논리를 폈던 것이다. 하지만 아무리 억지를 늘어놓아 봤자 결국은 현실(관측 결과) 앞에 무릎꿇게 돼 있다.

사회주의자들이 '자유롭고 평등한 꿈 같은 사회가 있을 것이다!'라는 이상을 내걸고 이에 집착한 나머지, 현실 사회를 무시하고 난해한 이론을 구축해 가는 모습은 천동설을 주장한 천문학자들과 다를 바가 없다. 기껏해야 인간이 머릿속으로만 생각해 낸 이상 사회는 현실 앞

*01 1882년의 일로, 이로 인해 플레하노프는 '러시아 마르크스주의의 아버지'라고 불린다.

*02 정의는 일반적으로 'Justice'라는 의미로 사용되는 경우가 많지만, '올바른 해석'이라는 뜻도 있다. 여기에서는 후자의 의미로 사용됐다.

*03 이것을 '주전원설(週轉圓說)'이라고 하며, 이러한 궤도를 '에피사이클로이드 곡선'이라고 한다.

에서 금세 힘을 잃는 것이 당연하다. 인간은 그리 영리한 생물이 아니다. 그들이 애초에 저지른 잘못은 이성을 만능이라고 착각한 데 있다.

정치란 인간이 지혜를 짜내 생각한 것을 조금씩 정책에 반영하면서 그 반응을 살피며 수정하거나 철회하기도 하고 그대로 밀어붙이기도 하는 것이다. 그렇게 시행착오를 거듭하면서 천천히 진행하는 것이 정도(正道)이다. 아무리 답답해도, 아무리 시간이 많이 걸리더라도, 아무리 멀리 돌아가도 그 방법밖에는 없다. 그런데 혁명만 일으키면 희한하게도 이상향을 외친다. 정치가 그렇게 간단한 것이라면, 지구는 벌써 지상낙원이 되었을 것이다.

하지만 이성의 능력을 굳게 믿고 이런 도리를 도저히 이해할 수 없었던 러시아의 마르크스주의자들은 세 갈래로 나뉘어 진지하게 혁명 이론에 맞부딪혀 견제하고 항생하면서 정말로 사회주의 혁명(러시아 혁명)을 일으켜 버렸기 때문에 그 결과가 이런 참상으로 이어진 것이다. 러시아 마르크스주의자들의 정치 이론은 결국 현실 앞에서 모조리 잘못되었음이 만천하에 드러났다.

⚔ 프랑스혁명과 러시아혁명

러시아혁명은 앞서 언급한 '프랑스혁명'과 흡사하다. 둘 다 현실을 무시한 이상을 그대로 정치에 반영시키려고 하다 실패했기 때문이다. 양쪽 다 혁명파가 3파로 나뉘는데*⁰⁴ 우선 우파(후이얀파 · 멘셰비즘)가 정권을 잡았지만 얼마 가지 못하고 실패했다. 그 덕에 중도(지롱드파·레니니즘)에 정권이 굴러들어 왔지만 역시 실패했다. 그래서 혁명파 최후의 보루인 좌파(자코뱅파·트로츠키즘)에 기회가 돌아왔다. 하지만 이도 잘되지 못했다. 프랑스혁명을 그대로 모방하듯 그 전철을 계속 밟아온 러시아의 사정을 마치 예견한 듯이 칼 마르크스는 이렇게 말한다.

"역사는 반복된다.

첫 번째는 비극으로, 두 번째는 희극으로."[05]

마르크스를 신봉하는 러시아 마르크스주의자들이 수행한 혁명을 마르크스의 말을 빌려 평가하면 '프랑스혁명은 비극이다. 하지만 러시아혁명은 희극이다. 이후의 러시아혁명의 말로는 프랑스혁명의 말로를 떠올린다면 상상하기 어렵지 않다. 마지막으로 정권을 잡은 로베스피에르는 혁명의 잘못을 인정하지 않고 혁명의 실패를 정적의 탓으로 돌려 대숙청으로 치달았다. 그렇다면 러시아도······.

⚔ 대숙청 시작

일본에서는 '약한 개일수록 자주 짖는다'는 속담이 있다. 약자일수록 주위에 일부러 공격적이고 위협적으로 대함으로써 자신을 강하게 보이려 하는 행동을 빗댄 말이다. 예전이라면 '불량배', 현대라면 '악

---

[04] 프랑스 혁명은 위로부터 순서대로 후이얀파·지롱드파·자코뱅파.
　　러시아 혁명은 위로부터 순서대로 멘셰비키·볼셰비키(레니니스트) ·트로츠키스트.
[05] 마르크스의 논문《루이 나폴레옹의 브뤼메르 18일》의 서문에서 발췌한 문장이다.

플러', 회사에서는 '무능한 상사' 등에 전형적으로 나타나는 증상이다. 하지만 사실은 정부도 마찬가지다.

러시아혁명 정부도 트로츠키가 주장한 '외국의 지원군'이 오지 않을 것이 분명해지자, 약체 정권을 유지하기 위해 무서운 탄압과 끔찍한 숙청을 자행할 수밖에 없었다.

🐷 숙청의 논리 ⑦

숙청은 지배 기반을 강하게 하는 효과가 있기 때문에 약체 정권은 안이하게 대숙청으로 치닫는 경우가 많다.

시위·파업·농민 봉기 등이 일어날 것 같으면 철저하게 탄압하고, 붙잡힌 폭도는 문답무용으로 처형했으며 전 재산을 몰수하는 것은 시작에 불과했다. 길을 걷다가 경찰에 불심 검문을 받고, 단지 이름을 대지 않았을 뿐인데 그 자리에서 사살했다. 반역도를 숨겨 준 사람은 재판 없이 사살 후 전 재산을 몰수했다. 그리고 숲으로 도망친 도망자들은 숲 전체에 독가스를 살포해 몰살시켰다. 레닌은 자신을 대적하는 자를 '노란 해충'이라고 칭했는데, 말 그대로 살충제로 벌레를 처리하듯 인민을 제거해 갔다. 뿐만 아니라, 스탈린에게 비밀경찰을 창설해서 밀고를 장려하고 지도부에 비판적인 자는 비록 동지라 해도 철저히 색출하여 탄압하기도 했다. 아무런 증거가 없더라도 '고자질'만을 근거로 구속영장 없이 체포하고 심문한 후, 자백하지 않으면 죽을 때까지 고문했다. 만약 자백하면 재판 없이 48시간 이내에 처형하거

나 강제수용소로 보냈다. 비록 처형을 면했다 해도 일단 강제수용소에 보내지면 살아나올 가망은 거의 없었다.

⚔️ 수천 명이 죽든 말든 무슨 상관인가!

'숙청이 일단 시작되면 막다른 곳까지 가지 않는 한 멈출 줄 모른다'는 것을 우리는 익히 알고 있다.[*06] 이것만으로도 재앙인데, 러시아 혁명은 아직 서장에 불과했다.

레닌의 사회주의 정책 실패로 농촌에 대기근이 확대되었음에도 불구하고, 문답무용으로 곡물 수출을 강행하는(기아 수출) 것도 당연시했다. 이로 인해 수백만의 아사자가 발생했다. 하지만 아무리 많은 사람들이 원한을 품고 죽어 가도 레닌은 양심의 가책을 느끼지 않았다.

그것은 그의 행동에서도 확연히 드러났다. 레닌이 고문에 입회할 때 '고문당하고 있는 사람의 비명과 절규, 신음소리를 들으며 황홀한 표정을 짓고 있었다'는 증언도 있고, "수천 명이 죽든 말든 무슨 상관인가! 우리 사회주의 정권만 지키면, 그것으로 되는 거야!"[*07]라는 레닌 자신의 말에서도 그 사실을 엿볼 수 있다.

이것이 본말전도(本末顚倒)의 극치가 아니고 무엇이란 말인가.

원래 사회주의란 무엇이었는가. 자유와 평등으로 행복한 이상 사회

[*06] 숙청의 논리 ③(p.47) 참조.
[*07] 같은 사회주의 국가의 독재자 마오쩌둥도 같은 말을 남겼다(3장 참조).

를 건설하기 위한 것 아니었는가? '이상사회를 건설하기 위해서라면 인민을 아무리 죽여도 상관없다'는 논법은 '건강을 위해서라면 죽어도 좋다'는 궤변과 다를 바 없다.

스탈린 또한 "한 명의 죽음은 비극이지만 백만 명의 죽음은 통계상의 숫자에 지나지 않는다"고 말한 것으로도 알려져 있다(아이히만의 말이라는 설도 있다). 폴 포트도 그렇고, 공산권 독재자는 인명을 가볍게 여기는 사람이 많다.

'평화를 지키기 위해 인류를 몰살해야 한다'는 말은 허튼소리나 다름없다. 레닌은 '수천 명이 죽든지 말든지'라고 말했지만, 그의 말은 사실이 아니다. 그가 직접적으로 고문·처형한 인민의 숫자만 해도 수십만에 이르고, 기아 수출로 인한 살인을 포함하면 수백만에 달하기 때문이다. 이것은 히틀러가 학살한 유대인의 수에 필적하는 숫자이다.[08] 철저히 '이상 사회'를 추구한 결과 겨우 도착한 곳은 '독재자가 학살을 계속하는 지옥'이었다. 로베스피에르와 쑨원이 잘못 들어선 이 길을 레닌도 더듬어 나가게 된 것이다.

✒ 마왕 레닌조차 초라하게 만든 대마왕 스탈린 등장

이렇게 마왕처럼 잔인성을 유감없이 발휘한 레닌도 통치한 지 5년

---

[08] 레닌이나 히틀러에 의한 희생자 수는 너무 많아서 정확한 숫자를 셀 수 없다. 누가 더 많이 죽였는지에 대해서도 여러 설이 있다.

(1917~1922년) 만에 병으로 쓰러져*⁰⁹ 2년간의 투병 끝에 사망한다. 인민은 마왕의 죽음에 안도하며 가슴을 쓸어내렸다. 하지만 그들은 곧 레닌 따위는 서막에 지나지 않았다는 것을 깨닫게 된다. 레닌의 유지를 받든 최후의 출연자, 이오세브 베사리오니스 제 주가슈빌리가 등장했기 때문이다. 우리에게는 혁명 이름인 '스탈린(Stalin, 강철의 사나이)'*¹⁰이라는 호칭으로 더 잘 알려져 있다.

레닌의 죽음 직후 스탈린에게는 라이벌이 있었는데, 그는 바로 혁명을 그늘에서 지탱해 준 공로자 트로츠키였다. 혁명의 공로자 트로츠키와 서기장 스탈린은 곧 서로를 적대하게 되는데, 더러운 뒷공작으로 스탈린의 상대가 될 사람은 없었다.

트로츠키는 즉시 한직으로 쫓겨나(1925년) 모든 임직을 박탈당하고 (1927년) 추방되었다(1929년). 스탈린은 정적 트로츠키를 쫓아내고 간신히 가슴을 쓸어내렸다. 하지만 바로 그해 외부에서 세계대공황이란 강진이 러시아를 덮친다. 이로 인해 자본주의 국가들의 경제가 파탄을 일으키지만 스탈린이 이끄는 소련만은 미증유의 경제발전을 거두었다. 소련 공산당 제17회 대회(1934년)에서 스탈린은 "보라! 이것이 사회주의가 대승리를 거둔 증거이다!"라고 소리 높여 외쳤다. 회장은 우레

---

*09 그의 병명은 뇌졸중이었다. 이 때문에 그의 추종자들은 "그가 말년에 잔인성을 드러낸 것은 뇌 손상 탓이지, 이것은 본래의 레닌이 아니다"라고 변호한다. 하지만 동서고금 독재자들은 모두 한결같이 레닌과 같은 잔인성을 보이기 때문에 뇌졸중과 그의 잔인성에 인과관계는 없을 것이다.

*10 참고로 몽골 제국 초대 황제 징기스칸(본명 테무친(鐵木眞))도, 티무르 제국 초대 황제 티무르도 '강철의 사나이' 라는 뜻이다.

와 같은 박수, 회장이 떠나갈 듯한 큰 갈채로 가득찼다. 하지만 과연, 그 실태는 어땠을까!?

- 백만 단위의 정치범·사상범·반항자를 강제 수용소로 보내 강제 노동을 시키고 '헐값의 노동력(노예)'을 생산 활동에 투입한다.
- 농촌에서는 '집단화'의 대호령 아래, 부농의 토지와 재산을 몰수한다.
- 농민이 먹고 살 식량까지 닥치는 대로 수출한다(레닌과 마오쩌둥이 했던 기아 수출).
- 특히 우크라이나 지방에서는 세계 15개국에서 '민족 학살 작전'으로 인정될 수탈이 행해져 천만 명 규모의 아사자를 낸다.[11]

이것은 스탈린이 '사회주의의 위대한 승리!'라고 자화자찬하는 실태였다. 다시 말해, 소련의 '표면상의 경제발전'은 한꺼풀 벗겨보면, 노예제를 현대에 부활시키고,[12] 부유층의 부를 빼앗고, 농민을 굶겨 쌓아 올린 부로 이룬 경제발전이었다.

일반적인 '경제발전'은 '새롭게 창출한 부'로 만들어 내는 것이다.

---

[11] '홀로도모르(우크라이나 대학살)'는 우크라이나 지방에서 일어난 인위적이고 계획적인 대기근으로 대규모 사망자가 발생한 사건을 가리킨다. 이로 인해 우크라이나 동부에서 살던 주민이 거의 다 죽었다. 그런데 그곳을 채우듯 러시아인이 이주하여 현재에 이르기까지 우크라이나 동부에는 러시아인, 서부는 우크라이나인이 거주하면서 서로 으르렁거리는 '우크라이나 문제'를 일으키는 계기가 되었다.

[12] 게다가 스탈린은 '자신의 지지자를 제외한 모든 자국민'을 노예로 삼았기 때문에 고대 노예제보다 훨씬 질이 나쁘다.

하지만 스탈린이 조작한 경제발전은 '이미 있는 자산을 탕진하고 부로 위장한 것'에 지나지 않는다. 제17차 당 대회에서 스탈린이 '사회주의의 위대한 승리!'를 외치며 박수갈채를 받을 수 있었던 이유는 이미 그를 반대한 사람들이 죄다 무덤 속에 있었기 때문이다.

✒ '볼쇼이 테러'의 개막

하지만 숙청은 아직도 끝나지 않았다. 외적을 거지반 매장시켜도 숙청이 끝나는 것이 아니라 외적이 없어진 후에는 '내부 숙청'이 시작되는 것을[13] 이미 우리는 실컷 봐 왔다. 평생 자신의 측근으로서 목숨 걸고 일해 온 사람이라 해도 가차 없이 처단해 버리는 대숙청(볼쇼이 테러)[14]이 시작된 것이다.

1934년 스탈린의 심복이었던 세르게이 키로프(Sergey Kirov)가 암살된 것을 시작으로 그의 암살에 가담한 것으로 알려졌던 정보국(NKVD)[15] 장관 겐리흐 야고다(Genrikh Yagoda)도 '숙청 방식이 미지근하다'는 이유로 본인뿐만 아니라 가족과 당파 모두 숙청됐다.[16]

이외에도 혁명기의 거물이면서 스탈린에 바짝 붙어 트로츠키 축출

---

*13 숙청의 논리 ⑥(p.138) 참조.
*14 대숙청이라는 말이 보통명사로 사용되는 경우는 '대규모 숙청'이라는 의미이지만, 고유명사로 사용되는 경우에는 1934~1939년 스탈린이 실시한 '볼쇼이 테러'를 가리킨다.
*15 정식 명칭은 내무인민위원회로, 경찰·첩보(스파이) 기관인 KGB의 전신이다.
*16 야고다파만 해도 3,000명에 이르렀다.

에 협조하고, 제17차 당 대회에서 스탈린에 대한 칭찬을 아끼지 않던 그리고리 지노비예프(Grigory Zinoviev), 레프 카메네프(Lev Kamenev), 니콜라이 부하린(Nikolai Bukharin), 그리고 알렉세이 리코프(Aleksei Rikov)에게도 사형 선고를 내려 가차 없이 처형했다.

대부분의 독재자가 그렇겠지만 스탈린이 특히 미워한 것은 '우수한 인물'이었다. 그는 항상 "우수한 놈들은 무슨 일을 저지를지 몰라!"라는 말을 입에 달고 살았다. 정치가나 군인 중 우수한 인재를 두려워했다면 몰라도, 스탈린은 정치와 큰 관련이 없는 배우나 작가, 학자 같은 문화인, 심지어 의사, 교사, 종교인, 농민과 같은 일반 시민까지 숙청했다.

분야를 가리지 않고 밀고를 장려해 뛰어난 재치를 발휘하는 자는 모두 처형당했고, 그들조차 다 죽여 버리자 이번에는 자신의 '충견'에까지 숙청의 손길을 뻗었다. 숙청 대상은 무려 '대숙청(볼쇼이 테러)'의 실행기관이었던 NKVD까지 이르렀다. 지금까지 많은 사람들을 처형해 온 NKVD 자체가 숙청의 대상이 된 셈이다. 나중에는 1930년대 말까지 우수한 인재가 모조리 처형되어 국가 운영에 지장을 초래할 정도가 되었다.[17]

1940년에는 대숙청의 마무리로 멕시코로 도망하여 더 이상 정치 권한이 없는 트로츠키까지 암살했다. 이 시점에서 레닌 시대의 간부는 한 사람도 남김없이 전멸되는 참상이 빚어졌다.

---

[17] 뒤에서 언급할 숙청의 논리 ⑨(p.176) 참조.

✒ 볼쇼이 테러 수습과 독소 개전

숙청 자체는 계속되었지만, '대숙청'이라고 해야 할 대학살은 진정되었다. 왜일까? 우리는 아직 '숙청은 일단 시작되면 멈출 줄 모른다'는 원칙*18을 기억하고 있다. 그럼에도 불구하고 왜 그런 대숙청이 지금에 와서 수습되어 갔을까? 그렇다면 또 하나의 원칙, '숙청을 막을 수 있는 유일한 제어 장치는 외압'*19이라는 사실을 기억하기 바란다.

1939년, 나치 독일이 폴란드를 진격하기 시작해, 제2차 세계대전이 일어났다. 급속하게 국제 정세에 먹구름이 몰려온다는 것을 알고 소련도 폴란드 진격 불과 1주일 전에 '독소불가침조약'을 맺었다. 하지만 상황은 언제나 예측하기 어렵다. 아니나 다를까, 그다음 해 마침내 독일이 소련을 침공하기 시작했다(동부 전선). 당시 소련군의 참상은 '연왕 주태가 군사를 일으켰을 때의 명제 건문제', 소련 정부의 참상은 '로베스피에르가 죽은 뒤의 프랑스의 총재 정부'를 떠올리면 이해하기 쉽다.

이 세 가지 참상의 공통점은 '쓸 만한 인재가 없다'는 점이다. 당시 소련 정부와 군부 중추도 이러한 과거의 사례처럼 뛰어난 인재는 죽음으로 내몰려 무능 집단으로 변해 있었기 때문에 막강한 독일군을 이길 리 없었다. 연전연패하자 레닌그라드(상트페테르부르크), 모스크바, 스탈린그라드 같은 중요 거점까지 독일군이 바짝 다가올 정도로 전선

---

*18 숙청의 논리 ③(p.47) 참조.
*19 숙청의 논리 ④(p.62) 참조.

이 모두 무너졌다. 당시의 소련을 '독재 국가'라고 해야 할까, '공산 국가'라고 해야 할까.

"스탈린그라드를 사수하라!

물러나는 것은 용서할 수 없다! 물러나는 자가 있으면 즉시 사살하라!"

격노한 스탈린의 한 마디에 무능한 장교가 이끄는, 제대로 탄약도 없는 상태에 처한 소련 군인들은 독일군의 공세 속에서 총검을 들고 돌격할 수밖에 없었고[20] 시체는 쌓여만 갔다. 하지만 효과는 있었다.

소련병을 아무리 죽여도 마치 파도처럼 계속해서 병사가 밀려오자, 독일군은 전선을 전진시키지 못한 채 소모전을 하고 있었다. 그 결과 레닌그라드(상트페테르부르크)도 모스크바도 스탈린그라드도 함락당하지 않았다. 그야말로 사람을 '방패'로 삼은 인해전술은 대단했다. 제2차 세계대전에서 죽은 전사자 수를 비교하면 '패전국 독일'보다 '전승국 소련' 쪽이 압도적으로 많은 까닭은 이러한 스탈린의 전술 탓이 컸다.

⚔ 강철의 사나이, 강철 방에서 죽다

스탈린이 통치한 약 20년 동안 그에 의해 숙청된 사람의 숫자만 수백만 명에 이르는 것으로 알려져 있다. 계획 기아와 기아 수출로 인해

---

[20] 독일군의 맹공을 앞에 두고 물러나려고 하면 실제로 아군 병사를 사살했다. 이렇게 배후에서 아군에게 살해당한 숫자만도 상당수에 달하는 것으로 알려져 있다.

계획적으로 굶겨 죽인 사람의 수까지 포함하면 4,000만~5,000만 명에 이른다. 너무 숫자가 커서 감이 오지 않을지도 모르지만, 히틀러가 학살한 유대인 수의 10배 정도인 엄청난 숫자이다. 제2차 세계대전에서 전 세계의 총 전사자 수에 필적하는 숫자라고 바꿔 말하면 얼마나 엄청난 숫자인가를 실감할 수 있다.

대숙청은 1938~1939년을 정점[21]으로 그 후에는 제2차 세계대전의 발발에 의해 규모는 축소되어 가긴 했으나 스탈린이 살아 있는 동안 계속되었다. 그리고 스탈린 또한 다른 독재자처럼 자신이 암살되는 것을 두려워한 나머지 편집광적 증상이 악화되어 갔다.[22]

만년의 스탈린은 강철과 콘크리트로 굳힌 요새 같은 별장에 틀어박혀 나오지 않았고 이상한 의구심 때문에 '자신을 제외한 모든 사람은 자신의 목숨을 노리는 적'이라는 망상에 사로잡혔다. 그 때문에 몇몇 제한된 사람 이외에는 면회조차 할 수 없었지만,[23] 그것이 오히려 자신의 수명을 단축했다.

---

*21 이 2년 동안 처형된 사람의 수는 70만 명에 달한다. 참고로, 레닌은 '혁명이 승리할 수 있었던 것은 제정 러시아가 러일전쟁에서 반신불수가 되어 준 덕분'이라고 하지만, 이때의 제정 러시아 전사자는 약 4만 명으로, 그 16배가 되는 자국민을 단 2년 만에 처형한 셈이다. 러일전쟁 때 러시아의 통치자가 스탈린이었다면 100% 승산이 없었을 것이다.

*22 뒤에서 언급하는 숙청의 논리 ⑪ (p.203) 참조.
암살에 대한 스탈린의 공포는 특별했다. 어느 날 회의 중에 정전이 된 적이 있었는데, 불이 다시 들어왔을 때는 좀전까지 의장석에 있던 스탈린이 없었다. 다시 찾았을 때에는 스탈린이 책상 아래에서 소변을 지려 놓고 부들부들 떨고 있었다고 한다

*23 흐루쇼프, 말렌코프, 불가닌, 베리야 등 스탈린과 면담이 가능했던 사람은 손에 꼽을 정도였고, 멍한 눈에 생기 없는 반응, 정서 불안으로 인해 거의 폐인에 가까웠다고 한다.

1953년 3월 1일. '강철의 사나이'에 적합하다고 해야 할까, 스탈린은 스스로 만든 강철 방 안에서 쓰러졌다. 하지만 이 강철 방 탓에 발견이 늦어졌다. 발견 후 즉시 구급 이송되었지만 그 자신이 숙청해 우수한 의사는 일제히 처형되었고 처형을 면한 의사도 진료를 거부했기 때문에 만족할 만한 치료를 받지 못한 채 4일 후 숨을 거두었다.

향년 74세. 스탈린의 죽음은 다음 날 새벽 중대 뉴스로 발표되었다.

"레닌의 가장 친한 친구이자 그 사업의 천재적인 계승자.

소련 공산당과 인민의 현명한 지도자이자 교사이기도 한 이오세브

베사리오니스 스탈린은 어젯밤 9시 50분 심장 박동을 멈췄다."

이 소식을 접한 국민들은 그의 죽음을 기뻐하면서도, 차마 속내를 드러내지 못하고 집에서 조용히 축하했다.

3장

숙청 괴물의
탄생

중국의 숙청과
유럽의 이데올로기가 융합되다

수천 년에 걸친 숙청의 역사가
사상 최악의 괴물을 만들어 내다

숙청에 의해 태어난 현대 중국

이 장에서는 다시 시선을 중국으로 돌려, 앞선 지식을 토대로 현대 중국의 숙청사를 다뤄 보기로 한다.

중국의 마지막 제국인 청나라를 멸하고, 쑨원에 의해 시작된 중화민국은 머지않아 위안스카이(袁世凱)가 가로채 군벌에 의해 해체되어 갔다. 장제스(蔣介石)가 이 군벌을 정벌(제1차·제2차 북벌)하여 다시 중국은 하나로 정리되는 것처럼 보였다. 그런데 그 직후 때마침 시작된 중일전쟁의 혼란 속에서 중화민국은 쇠퇴하고, 전후 상대적으로 힘을 키워 온 공산당이 장제스의 국민당 정권을 대륙에서 몰아냈다. 그리하여 마침내 1949년 10월 1일, 사회주의 국가 '중화인민공화국'이 탄생했다. 그날 자금성의 정문 '천안문'에서는 망루 위에 주더(朱德), 류사오치(劉少奇), 저우언라이(周恩來) 등 쟁쟁한 인물들을 늘어놓고 새 정부의 수립을 소리 높이 선언한다.

그 중심에 선 마오쩌둥(모택동)은 농민의 셋째 아들로 태어났다. 농민 출신이 천하를 쥐었다고 하면 유방이나 주원장(홍무제)을 떠올리겠지만 그는 대지주까지는 아니더라도 상당히 부유한 농민 출신이었기 때문에 주원장(빈농 출신)이라기보다는 유방(중농 출신)에 가까울지도 모른다. 하지만 마오쩌둥은 유방이나 주원장과 달리 인민의 평등이라는 표어를 내걸고 나라를 세웠기 때문에 대숙청을 단행하지 않을 거라 속단하기 쉽다.

그런데 마오쩌둥은 중국 사상, 아니 히틀러조차 잔챙이로 보일 만큼 사상 최대의 숙청을 감행하는 가장 흉악한 독재자가 되었다. 마오쩌둥이 정상에 오를 수 있었던 것은 그에게 뛰어난 정치 수완이 있었기 때문도 아니고, 인덕이 높았기 때문도 아니고 머리가 비상하기 때문도 아니다. 그 점에서 마오쩌둥은 유방과 비슷하다. 다만 유방과 다른 점은, 마오쩌둥이 적대자나 약자에 대한 무자비한 학살을 자행하고 정적을 가차 없이 숙청해 부상했다는 것이다. 그런 점에서는 그가 롤 모델로 삼은 스탈린과 무척 비슷하다.

따라서 중화인민공화국이 수립되었을 무렵인 1949년에는 이미 중국 공산당이 창건된 1921년 이후 주요 활동가 대부분이 그에게 총살당하거나 옥사하거나 혹은 행방불명이 되었고,[01] 아직 살아 있던 활동가들은 예외 없이 마오쩌둥의 그림자처럼 붙어 다니는 졸개뿐이었다. 보통 사람이라면 주저할 듯한 가혹한 소행을 눈썹 하나 움직이지 않고 태연하게 저지를 수 있던 이유는 도대체 무엇이었을까?

⚔ 어린 시절 사랑받지 못한 마오쩌둥

사실 처참한 숙청을 주저 없이 수행할 수 있는 인물에는 한 가지 공통점이 있다. 그것은 어린 시절 부모(또는 부모 역할을 한 사람)에게 전혀 사랑을 받지 못했다는[02] 점이다.

> **🐗 숙청의 논리 ⑧**
>
> 부모에게 사랑받지 못하고 자란 인물이 역사의 파도 속에서
> 독재권을 쥐었을 때, 그 마음속 어둠이 엄청난 대숙청이 되어 폭발할
> 수 있다.

반대로 부모로부터 사랑을 듬뿍 받고 자란 인물이 냉철한 대숙청을 하는 독재자가 되는 일은 거의 없다.

사실 마오쩌둥도 부모로부터 전혀 사랑을 받지 못하고 자랐다. 최

---

[01] 마오쩌둥은 조직 어디에나 스파이를 잠입시켜 그의 험담을 입에 담기만 해도 즉시 처형했다. 이 스파이들은 후에 조직화되었으며, 1930년 공산당 열세에 있어 병사가 부족한 상황에서도 아군(홍군)의 대량 숙청(고문·처형)을 실시해 병력이 3/4까지 줄어든 적이 있었다. 마오쩌둥은 어떤 상황이든 그 무엇보다 숙청을 우선했다.

[02] 비록 부모는 애정을 쏟았다 하더라도 본인이 사랑을 받지 못했다고 느끼면 같은 결과를 낳는다. 물론 부모의 사랑을 받지 못한 사람이 반드시 냉혹한 인간이 되는 것은 아니다.

고 지도자가 된 마오쩌둥은 어느 날 이렇게 중얼거렸다고 한다.

"지금 여기에 아버지가 없다*03는 사실이 두고두고 아쉽다."

중국은 유교 정신이 강하니까 자신이 출세한 모습을 부모에게 보여주지 못해 아쉽고, 효도하지 못한 것을 후회하는 말일까 싶지만, 계속되는 그의 말이 무척이나 오싹하다.

"그자가 아직 살아 있다면, 고문해 버렸을 텐데!"

이 말이 자신을 키워 준 부모에게 할 소리인가. 이 일화를 통해 우리는 마오쩌둥이 얼마나 부모를 원망했는지 알 수 있을 뿐 아니라 아무런 애정도 연민도 없는 그의 마음속 어둠의 깊이를 가늠할 수 있다.

🗡 니트로글리세린은 약이 될 수도 있지만 다이너마이트가 될 수도 있다

중화인민공화국의 건국을 선언했을 때 마오쩌둥의 나이는 불과 55세였다. 역사라는 무대에 선 그의 손은 이미 피로 물들어 있었지만, 건국했다고 해서 숙청이 끝난 것은 아니었다. 여기까지 마오쩌둥이 행해 온 처참한 숙청조차도 앞으로 도래할 악몽의 여흥에 지나지 않았다는 것을 그후 30년 동안 중국 인민은 뼈저리게 깨닫게 된다.

니트로글리세린은 잘 이용하면 협심증 치료제로써 인명을 구할 수 있다. 하지만 다이너마이트의 원료로 이용하면 살인 도구도 될 수 있

---

*03 마오쩌둥의 아버지는 그가 26살 때 사망했다.

다. 이처럼 숙청도 잘 이용하면 왕조의 안정제가 될 수도 있지만 너무 심하면 국가 자체, 심지어 문화를 파괴하는 다이너마이트가 될 수도 있다. 사람을 살리기도 하고 죽이기도 하는 것이다.

앞에서 살펴본 것처럼 한나라 고조 유방은 숙청에 의해 건국의 공신을 거의 전멸시켰기 때문에 제국 자체가 여씨(呂氏)에 의해 찬탈되기 직전까지 갔다. 이때 간신히 난을 피했지만, 한나라는 하마터면 건국한 지 20년 만에 멸망할 뻔했다.

명나라 태조(주원장) 역시 대숙청을 감행했기 때문에 공신이 전멸에 가까운 상태가 되었고, 2대 황제(건문제)의 측근은 변변한 인재가 남아 있지 않았다. 그 결과 제위가 찬탈되는 비극을 초래하였다.

유럽의 로베스피에르는 엄청난 숙청을 저지른 탓에 괜찮은 정치인이 거의 다 죽어 버려, 그의 사망 이후 정부는 기능 정지 상태에 빠졌고, 그 허를 찌르듯 나폴레옹이 등장했다.

숙청의 논리 ⑨

숙청은 정부를 안정시키는 진정제 역할을 할 수도 있지만,
제어에 실패하면 국가와 문화를 파괴하는 폭탄으로 변한다.

그리고 마오쩌둥. 그는 유방, 주원장, 로베스피에르 3명을 합쳐도 이길 수 없을 정도의 엄청난 대숙청을 단행했다. 때문에 그들이 남긴 재앙과는 비교가 되지 않을 정도로 민족·문명·문화에 치명상을 입히는 참극을 초래한다.

🗡 숙청의 화살이 향한 곳은 구 지배 계층

건국 시 마오쩌둥의 눈앞에는 황량한 사회가 펼쳐져 있었다. 중화 민국 건국 이래 가장 경제가 안정된 시절은 장제스가 천하를 통일한 1930년경*04이었다. 하지만 이후 20년간 공업 생산력은 그 당시의 절반, 농업 생산력도 3분의 2까지 떨어졌다.

천안문에 모인 30만 관중도 새 정부가 이 곤경을 타개시켜 줄 것을 기대했다. 그들의 기대에 부응하지 않으면 새 정부의 미래는 위태로울 뿐이었다. 하지만 역대 왕조의 창건 당시를 돌이켜 보면 대부분 비슷한 상황에 처해 있었다.

그럼 역대 왕조는 이러한 위기를 어떻게 극복했을까? 상투적인 방법은 바로 구 지배 계층을 수탈하는 것이었다. 재산을 처음부터 만들어 내려면 시간과 노력이 필요하다. 하지만 굶주린 민중의 배는 당장 채워 주어야만 한다.

> ### 🐾 숙청의 논리 ⑩
>
> 새 정부는 건국 초기의 자금으로써 구 지배 계층을 숙청하고,
> 그 재산을 수탈해 부를 재분배한다.

---

*04 오랜 세월에 걸친 내란(군벌 할거)을 평정하고 장제스가 통일을 달성한 것은 1928년이다. 하지만 1931년 마오쩌둥이 중화 소비에트 공화국을 수립(내란 재발)했으므로, 그 사이라고 보는 견해도 있다.

옛 왕조의 무덤을 파헤쳐서 막대한 금은보화를 찾으면 이른 아침 말을 달린 삯으로 여겼고, 이전 왕조에 가담한 사람들의 토지와 재산을 빼앗는 것은 당연한 일이었다. 그래도 성에 차지 않으면 정적과 반역자를 학살하고 약탈했다.

국내 수탈로도 부족하면 대외 전쟁을 벌여 이민족에게서 빼앗았다. 소리 높여 평등을 외치는*05 사회주의 국가가 되었다고 해서 중국의 관습이 바뀌는 것은 아니었다. 사회주의 국가이기 때문에 오히려 수탈할 적을 쉽게 찾을 수 있었다. 자산가나 지주를 '인민의 적'이라고 규정해 버리면 간단하니까 말이다.

건국 이듬해(1950년)에는 '경자유전(耕者有田, 농사짓는 사람이 그 땅을 소유한다)'이라는 표어를 내걸고 토지 개혁법을 제정해 전국의 지주로부터 토지를 거둬들였다. 지주층은 당연히 반발했으나 반혁명 진압법*06 을 잇따라 제정해 이를 탄압하고, 심지어 이와 병행하여 삼반오반운동(三反五反運動)*07을 전개하여 체내의 고름까지 짜냈다.

그 결과 어떻게 됐을까? 국체가 제국에서 공화국으로 바뀌고 이데

---

*05 헌법에서는 종교의 자유를 내세우면서 실제로는 불교·유교·도교 등을 모조리 부정하고 탄압했다. 언론의 자유도 내세웠지만 현실적으로는 사상 통제가 심해 대중들에게 평등은 그럴싸한 주장에 지나지 않았다.

*06 정확하게는 '법'이 아니라 '반혁명 활동 진압 지령(1949.07.23)' 및 '반혁명 처벌 조례(1951.02.21)'를 이르는 말이다.

*07 삼반운동과 오반운동을 합쳐서 일컫는 말. 삼반(三反)이란 세 가지 해로운 것, 즉 독직(瀆職), 낭비, 관료주의를 없앤다는 뜻이고, 오반(五反)이란 뇌물, 탈세, 국유자재의 절취, 노력과 시간 및 재료의 속임, 국가경제정보누설 등 오독(五毒)을 제거하자는 의미이다.

올로기로는 사회주의를 내건 후, 중국이 지상 낙원으로 거듭났느냐 하면, 실상은 왕조 시대와 아무런 변함이 없었다. 아니, 오히려 상황은 훨씬 악화되었을 뿐이었다.

🗡 건국 이후 중국이 크게 발전한 속사정 ①

하지만 상황이 나쁜 것만은 아니었다.

예컨대 중국판 소작 제도인 전호제(佃戶制)를 들 수 있다. 소작 제도라는 것은 여간 다루기 어려운 것이 아니어서, 일본에서도 도저히 이 기생 지주제를 개혁하지 못하고 외압(1952년까지 일본에 주둔했던 연합군 최고사령부)에 의해 간신히 해체했을 정도이다. 중국에서도 역대 왕조들은 도저히 해결하지 못했으나, 마오쩌둥은 전호제를 시원스레 해체하는 데 성공했다.

확실히 그의 정책은 전통도, 정치·경제도, 사회 시스템도, 인권도 모두 무시하고 이상만을 내건 채 구제도를 처리한 것으로, 정치라고 부를 수 있는 것*08이 아니다. 하지만 그 안하무인 방식 덕분에 아무도 이루지 못한 전호제를 해체할 수 있었다.

이에 따라 토지를 받아 자영농이 된 소작농들은 의욕도 상승하고

---

*08 정치란 본래 정치·경제·사회 시스템의 현상을 심사숙고한 후에 정책을 내세워 그 효과를 신중하게 확인하면서 수정해 나가는 것이다. 마오쩌둥이 한 일은 정치가 아닌 아이들의 '소꿉놀이'와 다름없었다.

농업 생산력도 비약적으로 증가했다. 건국한 지 불과 3년 만에 공업과 농업 생산력이 모두 20년 전의 그것을 넘어 저우언라이가 '부흥의 시대는 끝났다'고 선언할 정도로 경제가 회복된 것이다.

🗡 건국 이후 중국이 크게 발전한 속사정 ②

자신감이 생긴 마오쩌둥은 이렇게 선언한다.

"중국인들은 위대한 민족이다!

영국인이 수백 년 걸려 이룩한 것도 우리 중국 인민이라면 20년,

10년 …… 아니 5년 만에 달성할 수 있다!"

1953년, 마오쩌둥의 자신감 넘치는 지도하에 중국은 본격적인 사회주의 건설로써 '제1차 5개년 계획'에 들어갔다. 그러자 경제 성장률은 매년 평균 7%[09]를 기록했고, 석탄은 2배, 특히 주력했던 철강 생산은 5년 만에 3.3배라는 위대한 성과를 거두었다.

곳곳에서 사회주의가 승리했다는 환호가 울려퍼지고, 위대한 지도자 마오쩌둥을 칭송하는 환호성이 하늘을 뒤덮었다. 이것은 어디선가 본 적 있는 광경이다. 그렇다. 스탈린 때의 소련과 쏙 빼닮은 모습이다. 당시 소련은 표면의 화려한 업적과는 달리 현실은 '국민의 노예

---

*09 7%가 별거 아닌 것처럼 느껴질지도 모른다. 하지만 이대로 성장을 계속하면 5년 후에는 40%가 증가하고 10년 후에는 2배가 된다. 참고로 일본의 버블 경제 시기(1986~1991년)의 경제 성장률은 5% 전후였다.

화'와 '무시무시한 숙청'에 의해 지탱되었음을 우리는 이미 배웠다. 이것을 기억하면 이후 중국의 실태를 추측하기는 어렵지 않다.

그렇기는 해도 스탈린이 국민을 노예화하는 원동력이 된 것은 오로지 숙청을 기반으로 한 무서운 공포정치에 의한 것이었다. 하지만 중국에서는 '국민의 노예화'라고는 해도 그 나라의 민족성이 반영되어 양상이 조금 달랐다.

중국인은 상상을 초월하는 자존심 덩어리 민족*10이어서, 민족적 자존심이 손상되면 딴 사람처럼 바뀌어 감정이 폭발하고, 반대로 자존심을 세워 주면 그 어떤 고통스러운 상황에 놓여도 가만히 인내한다. 이 점을 명심해 두지 않으면 아무리 많은 책을 읽어도 그들의 역사나 그들의 민족성을 제대로 이해하기 어렵다.

물론 역대 중국 왕조는 그 점을 잘 알고 있기 때문에 그러한 민족성을 적극적으로 이용했다.

🎓 역사의 법칙 ⑪

중국인은 이상하게 자존심이 높은 민족이다. 이를 자극하는 방법에 따라 그들을 회유할 수도 적으로 돌릴 수도 있다.

예컨대 명나라의 3대 황제 영락제는 변방에 만리장성*11을, 중앙에는 자금성을 축조하고 그 외에도 대형 토목 사업에 물 쓰듯 돈을 쏟아

---

*10 정도의 차이는 있지만 어떤 민족이나 자부심을 지니고 있다. 하지만 중국인은 다른 어느 민족과 비교해도 그 정도가 심한 편이다.

*11 현재 우리가 볼 수 있는 만리장성은 명나라 때 만들어진 것이 대부분이다.

부으면서 동시에 정화에게 여섯 번에 걸친 남해 원정*12을 명령하고 자신은 대군을 이끌고 다섯 번이나 몽골 원정에 나섰다.

지금은 이것들이 '명나라 번영의 상징'으로 열거된다. 하지만 역사를 돌이켜 보면, 진시황은 수도 함양의 신궁인 아방궁(阿房宮)이나 그의 묘역인 여산릉(驪山陵) 등 대형 토목 사업을 실시해 나라를 기울게 했고, 수양제는 세 번에 걸친 고구려 원정으로 나라를 망쳤다. 무리한 토목 사업이나 대원정은 국민의 원한을 사고 망국의 상징으로 비판받을 뿐 아니라 조소의 대상으로 전락하기 쉽다.

영락제도 원말명초(元末明初)의 혼란이 가시기도 전에 진시황과 수양제를 합쳐도 미미하게 보일 정도로 대형 토목 사업과 대장정을 반복했다. 본래대로라면 국민의 원성이 반란이 되어 각지에서 일어나고, 명나라도 진나라나 수나라와 마찬가지로 단기 정권으로 끝나는 동시에 영락제가 진시황이나 수양제 이상의 폭군으로 후세에 전해진다 해도 이상할 것이 없다. 아니, 오히려 그렇게 되지 않는 것이 부자연스럽다.

영락제는 현재에 이르기까지 명군, 명나라 절정기의 상징으로 전해지고 있다. 대체 그가 진시황이나 수양제와 어디가 다르다는 것일까? 영락제가 후대에 칭송받는 것은 금나라와 원나라에 걸친 300년 동안 오랑캐에게 시달려 온 민족적 굴욕을 씻어 주었을 뿐 아니라, 한족의

---

*12 정화는 일곱 차례에 걸쳐 대함대를 이끌고 항해에 나섰는데, 여섯 번은 영락제의 명을 받고 떠났으나, 나머지 한 번은 선덕제(제5대)의 명을 받고 출발했다.

영광을 되찾고 이를 과시해 주었기 때문이다. 이처럼 중국인은 이런 통치자에 대해서는 어떤 고난도 인내하고 전적으로 이를 지지한다.

> 🎓 **역사의 법칙 ⑫**
>
> 중국에서는 뛰어난 정치가를 명군이라 평가하는 게 아니라,
> 한족의 자존심을 지켜주고 과시해 주는 지도자를 명군으로 삼는다.

20세기 중국도 명나라 초와 정황이 비슷하다. 300년이란 긴 시간을 거쳐 신해혁명을 통해 드디어 청이라는 이민족 왕조를 물리치고, 오랜만에 대망의 한족 국가인 중화민국이 탄생한 기쁨도 잠시, 중일전쟁으로 그 기대를 저버리고 고작 일본인의 손에 놀아나게 되었다.

이러한 굴욕의 나날에서 해방시켜 준 영웅이 바로 마오쩌둥인 것이다. 그래서 인민은 영락제를 받들었을 때처럼 아침 일찍부터 농사일을 하고 곧바로 공장을 향해 밤 늦게까지 뼈 빠지게 노예처럼 일하면서도 설사 불만이 있더라도 불평하지 않고 마오쩌둥을 계속 지지했다.*13

제1차 5개년 계획의 성공은 이러한 마오쩌둥의 카리스마에 견인된 스탈린의 국민 총 노예화에 필적하는 심상치 않은 국민 봉사에 힘입은 것이었다.

＊13 마오쩌둥은 5,000만~7,000만 명(수가 너무 많아서 정확한 숫자는 파악할 수 없음)이나 되는 중국 인민을 학살·숙청하고 굶어 죽게 했으며, 걸왕·주왕·양제 등 역대 폭군을 다 합쳐도 이길 수 없는 폭군이다. 그런데도 그 점을 지적할라치면, 그가 이룬 업적이 그와 같은 단점을 탕감하고도 남는다고 강변하며 그를 성인(聖人) 취급해 마지않는 중국인이 많은 이유도 거기에 있다. 7,000만 명의 목숨을 탕감하고도 남는 마오쩌둥의 업적이란 바로 한족의 자부심을 되찾아 준 것이다.

🗡 스탈린 비판과 마오쩌둥의 동요

그런데 자신감을 얻어 5개년 계획을 진행하던 마오쩌둥에게 충격적인 사건이 생긴다. 1956년 당시 중국과 친밀한 관계였던 소련 제1서기 니키타 세르게예비치 흐루쇼프(Nikita Sergeyevich Khrushchev)가 갑자기 스탈린을 비판하기 시작한 것이다.

마오쩌둥의 방식은 스탈린의 모조품이니, 스탈린에 대한 비판은 마오쩌둥 비판으로 직결된다. 마오쩌둥은 이 일이 자신의 지배 체제에 파장이 미치지 않을까 일말의 불안을 느꼈다.

"하지만 지금은 1차 5개년 계획이 순조로운 실적을 올리고 있어. 괜찮아, 내 지배 체제는 반석 위에 있다."

그런데 그 직후에 열린 공산당 대회[14]에서 마오쩌둥 독재를 위협하는 결정[15]이 행해져 갑자기 공산당 간부들이 마오쩌둥에게 적의를 드러냈다.

"조금만 틈을 보이면 이 모양이라니! 반역자는 모두 숙청해 주겠다!"

이때 마오쩌둥은 인민이 자신을 절대적으로 지지하고 있다고 믿고 있었기 때문에 민의를 이용하여 정적을 떨쳐 내려고 했다.

"직접 손을 댈 필요도 없어! 단지 인민들의 입을 열게 하면 된다."

그것이 바로 백화제방(百花齊放), 백가쟁명(百家爭鳴)[16]이다.

---

[14] 1956년 9월에 개최된 중국 공산당 제8회 전국인민대표대회를 말한다.
[15] 강령에서 '마오쩌둥 사상'이라는 문구가 삭제되고, 당 중앙의 통치 확립이 명문화되었다. 이것은 당이나 군, 법보다도 자신의 의사가 우선이라고 생각했던 마오쩌둥에게는 충격적인 사건이었다.

"공산당에 대한 비판을 환영한다! 다양한 의견을 내놓아 비판은 비판으로 진지하게 받아들이고 고름은 짜내는 것이 조직을 건전하게 만드는 데 꼭 필요하기 때문이다!"라고 말하는 마오쩌둥은 사태를 대수롭지 않게 보았다.

"이렇게 하면 공산당 수뇌(반대파)를 비판하는 대합창이 일어나고
인민은 나(마오쩌둥)에게 갈채를 보낼 것이다.
그렇게 되면 내가 가만히 있어도 정적들은 자연스레 전멸된다."

🗡 지식인을 향한 숙청의 화살

하지만 그의 예상과 달리 인민들은 아무도 입을 열지 않았다. 중국에서는 전통적으로 정부를 비판하려면 목숨을 걸어야 했다. 진심을 밝혀 보라는 말을 진실로 받아들여 순진하게 따랐다가는 죽는다는 것은 중국의 전통이자 방식이다.

지식인들도 바보가 아니므로 '그럼 그렇게 말씀하시니까, 제 생각은…'이라며 말할 리가 없다. 마오쩌둥이 아무리 피리를 불어도 춤추지 않고, 아무리 북을 쳐도 노래 부르지 않았다. 그것은 마치 새벽의 고요함 같았다. 그래서 마오쩌둥은 언자무죄(言者無罪)*17를 내걸고 몇

---

*16 백화(百花)란 많은 문인·예술가를 가리키고, 백가(百家)는 많은 학자를 가리킨다.
　　　 문인이나 예술가가 자신이 원하는 대로 활동해도 좋고, 학자들도 마음껏 발언해도 좋
　　　 다는 의미이다.
*17 '무슨 말을 하든 전혀 죄를 묻지 않겠다'는 의미의 슬로건이다.

번이고 비판하라며 민중을 부추겼다. 이른 아침의 정적을 깨고 참새 한 마리가 "짹" 하고 울자마자 그것을 신호로 모든 참새가 일제히 울기 시작하듯 백화(문인·예술가)와 백가(학자)가 자신의 생각을 쏟아내기 시작했다.

하지만 그것은 마오쩌둥이 생각하고 있던 공산당 지도자에 대한 비판이 아닌 '공산당 지배 그 자체에 대한 비판, 즉 마오쩌둥에 대한 비판'이었다. 정적에게 향할 것으로 생각했던 화살이 자신에게 향한 데 경악한 마오쩌둥은 즉시 당을 비판한 사람을 우파라고 단정 짓고 '이번 일은 우파 분자를 색출하기 위한 전략이었다'고 구차한 변명*18을 늘어놓으며 반우파당쟁에 들어가, 체제 비판을 한 55만 명을 체포해 시민권을 박탈하고 변방으로 추방한 후 노동 개조*19에 돌입했다. 숙정된 자들은 대학 교수 등 나이가 많은 사람이 많았기 때문에 혹독한 노역으로 인해 옥사하는 사람도 줄을 이었다.

이 악마적 소행은 문화 파괴로 이어지는 진시황의 갱유(坑儒, 진시황이 수많은 유생을 구덩이에 파묻어 죽인 일) 사건에 비유되고, 이 평가가 마오쩌둥의 귀에도 들어갔으나 그는 그저 "내가 진시황 같다고? 흥! 웃기고 있네! 그놈은 내 발뒤꿈치도 따라오지 못할걸!"이라며 웃어 넘겼다고 한다.

---

*18 하지만 이 구차한 변명을 곧이곧대로 받아들여 그것이 진실인 것처럼 설명하는 책도 많다.

*19 강제적으로 가혹한 노역을 부과함으로써 억지로 사상을 개조하는 것으로 교육의 이름을 빌린 20세기 노예제나 다름없다.

2,000년이 지난 오늘날까지 전해질 정도의 악명 높은 '갱유 사건'이지만, 이때 진시황이 생매장 한 유생의 수는 고작 460명에 불과했다. 이에 반해 마오쩌둥은 55만 명으로 말 그대로 자릿수가 달랐다.

⚔️ 멸망의 원인은 절정 속에 있다

프랑스 절대주의의 절정기가 루이 14세 때라는 것은 자명한 사실이다. 그런데 프랑스 절대주의의 붕괴 원인을 제공한 것도 루이 14세라는 것을 아는 사람은 의외로 적다. 절대주의를 지지하는 경제 기반은 중상주의이다. 따라서 중상주의만 제대로 기능을 발휘했어도 절대주의는 평안 무사했을 것이다.

중상주의는 상공인이 지지하기 때문에 그들을 보호해 주고 최대한 활발하게 활동할 수 있게 돕는 것(산업보호주의)이 중요하다. 이것을 성에 비유한다면, 천수대(돌담)가 천수각을 받치고 그 주위를 해자로 다져야 비로소 반석이 되는 것처럼 중상주의가 절대주의를 받치고 그것을 산업보호주의로 다져야 비로소 반석이 되는 것과 같다. 그런데 무엇을 잘못 먹었는지 루이 14세는 갑자기 신교를 불법화하는 퐁텐블로 칙령(개신교를 불법화하고 위그노가 가톨릭으로 개종하지 않으면 처벌하고 재산을 몰수한다는 내용)을 발표하고, 위그노[20]를 탄압하기 시작한다. 위그노(상공업자)는 성의 해자에 해당하기 때문에 지기 손으로 헤지를 메우기 시

---

*20 칼뱅파 그리스도교인을 가리킨다. 당시 프랑스의 상공업자는 대부분 위그노였다.

작한 것이나 다름없다. 그러니 프랑스 절대주의가 실제로 멸망한 이유는 프랑스혁명이더라도, 100년 전 '퐁텐블로 칙령'이 발표된 시점에 이미 패배했다고 봐도 과언이 아니다.

역사를 들여다보면 국가뿐만 아니라 기업이나 기타 다른 조직에서도 조직 붕괴의 원인은 그 절정기에 생겨나는 일이 매우 많다. 이 당시의 중국 역시 마오쩌둥의 기고만장이 절정에 이르렀을 때 멸망이 결정되었다고 해도 과언이 아닐 것이다. 왜냐하면 이때 백가쟁명을 탄압함으로써 중국 인민들이 두 번 다시 입을 열지 않게 되었기 때문이다. 그로부터 30년 후, 총서기 후야오방(胡耀邦)이 다시 백가쟁명을 시도하려 했지만 당연히 좌절되었다.

자기비판을 할 수 없게 된 조직은 '자가 치유 기능'을 잃기 때문에 부패를 막을 방법이 전혀 없어 멸망은 결정된 것이나 마찬가지이다. 그다음은 몸부림치면서 멸망까지의 시간을 얼마나 지연시킬 것이냐 하는 문제만 남는다. 기고만장해 "진시황 따윈 내 발뒤꿈치도 따라오지 못한다!"라고 단언했던 걸 보면 퐁텐블로 칙령을 발표했던 루이 14세처럼 마오쩌둥 역시 전혀 자각하지 못했던 것 같다. 중국은 그 순간부터 계속 멸망의 오솔길을 걷고 있다.

벌거숭이 황제가 된 마오쩌둥,
5,000만 인민을 지옥에 떨어뜨리다

🗡 벌거숭이 황제 마오쩌둥

반우파 투쟁이 일단락될 무렵, 중국은 '제2차 5개년 계획'에 돌입한다. 마오쩌둥은 스탈린 비판 이후 대립하고 있던 소련이 '15년 후에 미국 경제를 앞지르겠다'고 선언하자, '중국은 15년 후에 영국 경제를 앞지르겠다'고 발표했다.

당시는 '철은 곧 국력이다'라는 말이 나올 정도로 철강 산업이 경제를 뒷받침했던 시대였기 때문에, 15년 후에 영국의 철강 생산량을 따라잡겠다는 요지였다. 측근이나 각료, 고위 관계자 모두 '그런 일이 가능할 리가 없다!'고 생각하면서도 아무도 자신의 의견을 밝힐 수 없었다.[01]

---

[01] 자신의 의견을 말했다가는 잘해야 경질이나 좌천, 자칫 잘못하면 목숨을 잃었다.

마오쩌둥은 완전히 벌거숭이 임금님, 아니 벌거숭이 황제가 되어 버린 것이다. 마오쩌둥이 아무리 황당무계한 말을 하더라도, 주위 사람은 "지당하신 말씀입니다!" 이외의 대답은 하지 않았다.

1957년 중국의 철강 생산 능력은 고작 535만 톤인데 반해, 영국의 철강 생산 능력은 세계 2위를 자랑하는 2,230만 톤으로 4배 가까이 차이가 났다. 그 때문에 현실적인 계획을 세우는 것이 아니라 마오쩌둥의 수치 목표에 억지로 숫자를 짜맞추는 작업이 이루어진다. 그런 노력에도 불구하고 15년 후에 영국을 따라잡을 수 없었기 때문에 영국의 철강 생산량을 마음대로 하향 조정하고 억지로 앞뒤를 맞추는 일이 벌어졌다. [02]

이 계획표를 본 마오쩌둥은 갑자기 "15년 후도 필요 없다! 10년 후에 딜성하도록 계획을 고쳐라!"라고 터무니없는 억지를 부렸다. 주위의 경악에도 아랑곳하지 않고 그 혀의 침이 마르기도 전에 이번에는 "아니, 10년도 필요 없다, 2~3년이면 충분하다!"라고 망언을 일삼는 형국이었다. 15년 후에도 불가능한 일을 10년, 아니 2~3년 안에 해내라니 그 어떤 폭군과 비교해도 당해 낼 도리가 없었을 것이다. 2~3년 만에 영국을 앞지르기 위해서는 지금까지의 계획은 아무 소용이 없기 때문에, 마오쩌둥의 발언에 맞춰 5개년 계획 첫해의 철강 생산

---

[02] 편의주의 혹은 무모한 계획에 따라 15년 후(1972년) 중국의 철강 생산 예상을 4,000만 톤까지 끌어올렸지만, 그래도 그해 영국의 철강 생산 예상(4,200만 톤)을 따라잡지 못했기 때문에 이를 근거 없이 3,900만 톤으로 감소시켜 결과를 조작했다.

목표량을 1,070만 톤*03으로 상향 조정한다.

　이제는 더 이상 계획이라고 부를 수 있는 수준이 아니라, 경제 실정은 전혀 고려하지 않고 그저 마오쩌둥이 말하는 대로 숫자를 다시 쓰는 소꿉놀이가 된 셈이다. 이것이 바로 마오쩌둥이 호령한 대약진운동의 실태였다.

⚔ 대약진운동의 현실(철강 분야)

　관료들은 계획표를 제출한 이상, 결과를 내지 않으면 자신의 목숨이 위험하다. 하지만 계획을 달성할 수 있을 정도의 원료(철광석·사철 등)나 연료(석탄·코크스 등), 용광로도, 더욱이 그것을 소화할 수 있는 인프라도 정비되어 있지 않았다.

　그래서 인민 전체에게 대호령이 내려진다.

　"예로부터 '많은 사람들이 나무 장작을 지피면 불꽃도 높이 올라간다'*04고 하지 않았던가!

　모든 인민은 집집마다 뒤뜰에 용광로를 만들어라!"

　중국의 인구는 당시 6.5억 명이나 되었기 때문에, 전제 중국 인민이 일제히 철강을 생산하면 영국 철강 생산량은 바로 따라잡을 수 있다

---

*03 단슈히 1957년의 실적(535만 톤)을 2배로 늘렸을 뿐이다. 실제 상황을 고려해 계산한 수치도 아니고 아무런 근거도 없는 숫자놀음이라는 것을 알 수 있다.

*04 중국의 오래된 격언인 '모두 힘을 합치면 큰 힘이 된다'가 슬로건이 되었다.

는 어린아이보다 못한 유치한 발상이었다.

일반 대중이 철강을 만들 수 있을 리가 없지만,[05] 그것이 마오쩌둥의 명령이라면 따르지 않을 수 없다. 사람들은 정부로부터 전달된 설계도대로 조잡한 가마를 만들었다. 아마추어가 눈동냥으로 만든 가마에서 나오는 것은 철강이 아니라 선철이었다. 하지만 관료나 공무원에게 그런 건 아무래도 좋았다. 어쨌든 마오쩌둥이 만족하는 숫자를 맞추어, 곤경을 모면하는 수밖에 없었기 때문이다.

하지만 이미 언급했듯이 전국 인민에 배급할 만한 철광석이나 사철, 석탄이나 코크스도 원래 없었지만 그것을 중국 전역의 구석구석까지 수송하는 인프라조차 정비되지 않았기 때문에 가마가 있는 곳에 원료와 연료가 제대로 공급되지 않았다.

그런데도 할당량 분의 철강을 회수하는 관리는 예성대로 찾아왔다.

"네? 아직 원료도 연료도 안 왔는데 어떻게 만들겠어요?"

인민들의 반문에 관리는 딱 잘라 대답했다.

"내 알 바 아니네! 나는 직무를 완수할 뿐이니까.

철강을 만들지 못했다면, 할당량을 미달했다고 기록할 건데,

그래도 괜찮다는 말이야?"

할당량을 미달하면 어떤 처벌이 기다리고 있을지 모르는 일이었다.

---

[05] 마오쩌둥은 선철(쓰레기 철)과 강철(스틸)을 구별조차 하지 못했다. 선진국에서 철강을 생산하는 데 거대한 철강 콤비나트를 건설하는 이유조차 고민한 적도 없었을 것이다. 농가의 뒤뜰에 만든 가마에서는 당연히 철강을 만들 수 없는데, 이런 마오쩌둥의 무지와 무교양이 참극을 낳은 것이다.

그래서 농민들은 본업도 내팽개치고 어쨌든 주위의 숲에서 땔감을 구해 와 이를 연료로 주변에 있는 농기구나 주방 용구, 건축 자재, 기타 철제로 된 것은 닥치는 대로 용광로에 넣어 녹여 버렸다. 관리는 그렇게 나온 선철의 무게를 달아 꼼꼼히 기록했다. 그러자 전국에서 합산한 장부상의 숫자는 비상식적인 목표 설정치(1,070만 톤)를 가볍게 돌파했다. 이를 보고받은 마오쩌둥은 만족하여 기뻐하고 다음 연도의 목표치를 더 올리게 된다.

철강 대증산운동의 목적은 어디까지나 마오쩌둥의 허영심을 충족시키기 위한 것으로, 그렇게 만들어진 철을 어떻게 이용할지에 대해서는 전혀 생각하지도 않았기 때문에, 숲을 소멸시키고 농사를 등한시하고 제품을 일부러 녹여 선철로 만들고 그렇게 만든 선철은 재사용하는 일도 없이 방치되어 그대로 녹슬어 쓸모없게 되었다. 이런 비극이 인구 6.5억 중국 전역에서 벌어졌다.

🗡 대약진운동의 현실(인민공사 설립)

이와 병행하여 마오쩌둥은 인민공사 설립을 내걸었다.

인민공사는 중국에만 존재하는 조직이기 때문에, 좀처럼 이해하기 어렵지만 간단히 설명하면 다음과 같다.

"모든 소유를 버리고 모든 재산*06을 공유하는 공동체."

---

*06 농민이라면 땅은 물론, 주택·농기구·가축에 이르기까지 모든 재산을 공유해야 했다.

빈부의 차이도 없고, 관료나 자본가에 의한 착취도 없고, 국가의 계획대로 무리 없는 노동에 종사하는 것만으로 얻은 부를 개인의 능력과 관계없이 평등하게 분배하는 이상 사회의 기본 단위라니, 주장은 참 그럴 듯하다.

하지만 이것은 마음에 의심하지 않고 말한 대로 될 줄 믿어도*07 절대 이루어질 수 없는 일이다. 왜냐하면 원래 인민공사는 앞으로 100년, 200년 지속적으로 실행되는 사회주의 혁명*08이 뭐든 차질 없이 순조롭게 달성되었을 때 비로소 이루어지는 이상향(유토피아)에 예정 조화적으로 나타나는 조직이기 때문이다. 그러니까 이상향에 나타날 것으로 예상되는 조직이지, 건국 10년이 채 되지 않은 창업기에 억지로 만들 수 있는 것이 아니다. 어리석은 행동도 이쯤 되면 갈채를 받을 만하다. 과연 해낼 수 있을까 싶더니, 인민공사는 출범부터 큰 난관에 부딪혔다.

인민공사가 설립되면 가축까지 거둬가 공유물이 될 것을 안 농민은 "빼앗길 거라면 먹어치우자!"라며 너도나도 잡아먹었기 때문에 갑자기 심각한 가축 부족 현상이 발생했다. 사람의 마음을 무시하고 머릿속으로만 생각했던 이상을 실현하려고 하면 결과가 뻔한데도 마오쩌

---

*07 "내가 진실로 너희에게 이르노니 누구든지 이 산더러 들리어 바다에 던지우라 하며 그 말을 하는 것이 이룰 줄 믿고 마음에 의심치 아니하면 그대로 되리라"(마가복음 11:23)에서 따온 표현이다.

*08 중화인민공화국이 성립된 시점에서 이미 혁명이 달성된 것이라고 착각하는 사람들이 있으나, 사회주의 혁명은 거기서 끝이 아니라 시작이다. 혁명은 이상향 '공산국가'가 완성될 때까지 지속적으로 실행된다.

둥 혼자만 이를 이해하지 못했다.

게다가 '인민공사'에서는 열심히 일하든 농땡이를 치든 평등하다는 전제 아래 모두 같은 수입을 얻기 때문에 아무도 열심히 일하려 하지 않을 게 뻔했다. 머지않아 농촌에는 게으른 농부만이 남고 성실한 농부는 의욕을 잃어 토지를 버리고 도시로 도망치기 시작했다.

상황이 이렇게 흐르면 농업은 붕괴되기 마련이다. 때문에 정부는 황급히 호적을 만들어 농민들을 땅에 묶어 두고, 심지어 사람의 이동까지 관리*09하기 시작했다.

이것은 고대 로마제국에서 콘스탄티누스가 소작인(콜로누스)으로부터 '직업 선택의 자유'와 '이동의 자유'를 빼앗은 '콜로누스의 토지 긴박령'(332년)과 같다. 유럽은 이 긴박령으로 인해 소작인은 농노로 전락해 이후 1,000년에 걸친 어두운 암흑시대*10에 돌입하게 되었다. 그런데 중국은 뻔뻔하게도 오른손으로 '미래의 이상 사회'를 내걸면서도 왼손으로 고대의 악법을 실행해 나갔다.

이때 만들어진 호적은 21세기를 맞이한 오늘날에 이르기까지 중국의 농민들을 괴롭히고 있다. 호적이 농촌으로 되어 있는 사람은 단지 농촌에서 태어났다는 이유만으로 수많은 차별 대우를 받는다. 대학에 진학하기도 어렵고 도시에서 일하기도 어려워*11 재능과 기회를 묵살

*09 중국 국내 여권제도를 말한다. 국내에서도 여권이 필요하며, 자유롭게 이동하는 것을 제한하고 관리했다.
*10 고대 로마 제국 몰락 후, 학문과 예술의 부흥을 맞는 15세기경까지의 중세 시대를 경멸해 사용하는 표현이다.

당하는 일이 많은 것이다.

✒ 대약진의 현실(농업 분야)

무지와 무능을 드러낸 마오쩌둥은 농업에서도 형언할 수 없는 대참
사를 일으킨다. 농민들은 철강 생산과 토목 사업에 무리하게 동원되
어 본업에 소홀할 수밖에 없었고, 숲은 파괴되어 자연 재해가 잇따르
는 등등의 일은 시작에 불과했다. 하지만 마오쩌둥은 계속해서 망언
을 늘어놓았다.

"왜 이렇게 간격을 두고 벼를 심지?

벼를 더 빈틈없이 빽빽하게 심으면 풍작을 이룰 게 아닌가!"

일정한 간격을 두고 벼를 재배해야 생산성이 오른나는 사실은 초등
학생도 알고 있다. 하물며 마오쩌둥은 농민 출신 아닌가. 그가 왜 그
런 사실도 몰랐는지 불가사의하다.

"논은 깊이 파면 팔수록 풍작을 이룰 수 있다.

전 농민들에게 논을 깊게 파 경작하게 하라!"

게다가 마오쩌둥의 이 발언은 춘추시대 말기 농기구가 석기에서 철
기로 전환되는 시기였다면 맞을 수도 있다. 하지만 그건 2,500년 이
전의 일이다. 당시는 이미 적정한 깊이로 땅을 갈았기 때문에 더 이상

＊11 하지만 완전히 닫혀 있는 것이 아니어서 노력 여하에 따라서는 농촌 출신이 도시에서
성공할 수도 있기는 하다. 또한 최근에는 차별 완화 방향으로 나아가고 있다.

깊이 갈면 농업에 적합한 토양까지 죄다 파내 버리게 되어, 오히려 생산성이 떨어지게 된다.

기본적인 농사 지식을 아예 무시한 마오쩌둥의 엉터리 농법이 연달아 실행되자, 각지에서 흉작 보고가 쇄도하기 시작했다. 그러자 마오쩌둥은 이번에는 그 원인을 네 가지 해악[*12] 중 하나인 참새에서 찾기 시작했다.

"농업 생산력이 떨어진 것은 참새가 볍씨를 까먹어
농작물을 망쳐 놓았기 때문이다! 참새를 퇴치하라!"

이것이 이른바 '타마작 운동(打麻雀運動)'이다. 이 운동은 특정 위치에 술에 담근 쌀을 놓아두고, 전국의 농민들이 북과 징을 치며 쌀이 있는 곳으로 참새를 몰아넣는다. 이윽고 참새가 술에 담근 쌀을 쪼아 먹고 술에 취해 날 수 없게 되었을 때 일망타진하는 것이다. 이것을 전 중국에서 일제히 시행했기 때문에 곧 중국 전역에서 참새가 자취를 감추어,[*13] 그 목적을 달성했다.

하지만 결과는 젖먹이도 알 수 있다. 천적이 사라지자 각지에서 메뚜기가 대량 발생했다. 메뚜기는 떼를 지어 하늘을 검게 물들이며 다녔고, 메뚜기 떼가 지나간 자리는 초목 하나 남아 있지 않았다. 참새로 인한 피해는 미미했지만, 이번에는 메뚜기로 인한 피해가 참담할 정도로 심각해졌다.

[*12] 전염병을 매개하는 파리, 모기, 쥐와 농작물을 먹는 '침새'를 일컫는다.
[*13] 단 1년 동안 죽인 참새 수가 무려 11억 마리를 넘었다고 한다. 그 수를 세기도 힘들었을 텐데 말이다.

이렇게 수확물이 순식간에 소멸하자 중국 전역에 기아가 덮쳐 아사자를 정리하는 사람도 없을 정도로 시체가 첩첩이 쌓이는 참상이 벌어졌다. 그 수가 너무 많아서 정확한 수치는 알 수 없지만, 자료에 의하면 4,000~6,000만이라고 한다.[14]

인류 역사상 최악의 전쟁은 제2차 세계대전이다. 제2차 세계대전의 희생자 수가 5,000만~6,000만 명[15]에 달한다고 하니 이에 필적하는 자국민을 굶어 죽게 내몬 셈이다. 이것은 천재가 아닌 명백한 인재, 더 명확하게 말하면 마오쩌둥이 죽였다고 단언해도 좋을 것이다.

---

[14] 당시 중국의 인구가 6억 5천 명이었기 때문에 거의 11~16명 중 1명이 굶어 죽은 셈이다. 당연히 아사 직전까지 갔던 사람은 수억 명에 달했다.

[15] 참고로 2005년 중국 정부는 중일전쟁에서 중국 측의 희생자 수를 5,000만 명이라고 발표했다. 제2차 세계대전의 희생자 수와 비교하여 보아도 이것이 얼마나 황당한 숫자인지 알 수 있다. 종전 시에는 130만 명이라고 발표했으나 중국 정부가 이를 언급할 때마다 450만, 1,000만, 1,800만, 2,100만, 3,500만 식으로 늘리더니 현재는 무려 5,000만 명으로 증가했다.

5,000만 인민을
죽음으로 몰아넣은 마오쩌둥이
중국의 역사마저 매장해 버리다

⚔ 마오쩌둥의 음모

앞서 살펴본 참상으로 인해 당 내부에서도 비판의 목소리가 터져 나오고 마오쩌둥을 퇴진시켜야 한다는 말이 나오기 시작했다. 실태가 분명히 드러났을 때 조직의 우두머리가 책임을 부하에게 떠넘기고 언제까지나 그 자리에 눌러앉으려고 하면 오히려 모든 것을 잃어버리는 법이다.

🎓 역사의 법칙 ⑬

칠 때도 물러날 때도 단번에 해야 한다(손자).
물러날 때 과감하게 물러나지 않으면 오히려 모든 것을 잃게 된다.

이때는 당당히 책임을 인정하고 가급적 빨리 물러나는 것이 현명하다. 정적의 원한을 후련하게 풀어줘야 자신을 향한 칼끝을 거두게 만들 수 있기 때문이다. 정치인으로서는 무능했던 마오쩌둥은 이러한 술책만은 천하일품이었다.

마오쩌둥은 주위가 놀랄 만큼 시원스럽게 국가 주석의 자리를 떠난다. 하지만 그는 그 대가로 당과 군부*⁰¹를 계속해서 좌지우지하는 데 성공했다. 게다가 마오쩌둥은 그 자리를 자신의 심복에게 내주는 것이 아니라 그의 정책에 쓴소리를 거침없이 쏟아 부어 눈엣가시였던 류사오치(劉少奇)에게 넘겼다.

물론 마오쩌둥이 류사오치에게 정권을 넘긴 데는 음모가 있었다.

"엄청난 기아 지옥이 맹위를 떨치는 것은 지금부터이다.

그때 인민의 원망을 한몸에 받는 것은 국가 주석이다.

그 손해 보는 역할을 류사오치에게 맡겨 버리자.

인민은 다시 나를 그리워하게 될 게 분명하다."

정적에게 자신이 저지른 실수의 뒤치다꺼리를 하게 만든 다음 여론을 형성하여 태연하게 원래 자리로 돌아오려는 속셈이었다. 산전수전을 다 겪은 마오쩌둥이니, 음모로는 그의 상대가 될 사람이 없었다. 하지만 백가쟁명 때처럼 이번에도 역사는 그의 의도대로 흘러가지 않았다.

---

*01 여기서 말하는 당은 중국 공산당 중앙위원회, 군부는 중국 공산당 중앙군사위원회를 가리킨다. 마오쩌둥은 주석의 지위를 죽을 때까지 놓지 않았다.

새로 국가 주석이 된 류사오치는 이번 대참사의 원인이 천재(天災)가 30퍼센트, 인재(人災)가 70퍼센트였다며,*02 대약진운동(나아가 마오쩌둥)의 잘못을 인정하고 관민일체가 되어 다시 일어나기 위해 노력했다.

류사오치의 정책은 단순했다. 단지 대약진운동의 성급한 속도를 완화했을 뿐이다. 그것만으로 경제가 순식간에 회복된다면 대참사의 원인이 대약진운동의 실패(마오쩌둥의 악정)에 있다는 것은 명명백백한 사실로 밝혀진다. 인민은 류사오치를 지지했기 때문에 마오쩌둥의 대망론은 발생하지 않았다.

이 상황에 마오쩌둥은 무척 당황했다.

"안 돼!

이러다간 내가 순식간에 과거의 사람이 되어 잊혀질지도 몰라!"

🗡 독재자의 직업병인 편집증적 망상

마오쩌둥은 허둥지둥 다시 음모를 꾸미기 시작했다. 바로 중국의 전통과 문화, 사회를 송두리째 파괴하는 프롤레타리아 문화대혁명인데, 이 비극적인 사건이 일어난 표면적인 계기는 경극 〈해서파관(海瑞罷官)〉에 대한 해석 문제였다.

---

*02 류사오치의 본심은 100% 인재라고 말하고 싶었겠지만, 마오쩌둥의 눈치를 보았을 것이다. 하지만 중국인은 '천재도 위정자의 책임'이라는 생각을 갖고 있기 때문에, 결국 100% 마오쩌둥의 책임이기는 하다.

당시는 아직 대약진운동을 막 시작했을 때여서 벌거숭이 황제 마오쩌둥의 귀에는 전국에서 낭보만 들어왔다.*03 때문에 그것을 곧이곧대로 받아들인 마오쩌둥은 대약진운동이 정말 잘되고 있다고 생각해, 성급하게 백가쟁명을 시도하려고 했다.

그래서 명나라 가정제(嘉靖帝)*04 말년에 나타난 간신 해서(海瑞)의 직언감간(直言敢諫, 죽음을 무릅쓰고 황제에게 고함)의 정신을 선전하도록 통지하고, 그 일환으로 정화대학(精華大學) 교수 우한(吳晗)에게 경극 〈해서파관〉을 쓰게 한다.*05

이러한 분위기 속에서, 국방부장 펑더화이(彭德懷)가 다들 입을 다물고 있던 대약진운동의 실태를 마오쩌둥에게 직언했다. 그러자 마오쩌둥은 직접 직언감간을 장려해 놓고는 펑더화이의 직언에 분노를 드러냈다. 마오쩌둥은 펑더화이를 실각시키는 것만으로는 부족했는지 분노의 화살을 〈해서파관〉으로 돌렸다.

"〈해서파관〉은 펑더화이를,

＊03 예를 들어 진나라 말의 호해(胡亥), 한나라 말의 영제(靈帝), 수나라 말의 양제(煬帝), 당나라 말의 희종(僖宗), 명나라 말의 숭정제(崇禎帝)의 통치 시기에 각지에서 반란 폭풍이 휘몰아치는 가운데 황제의 귀에 들어간 것은 '천하는 태평하다'는 소리뿐이었다. 그들은 아첨하는 신하의 말을 그대로 받아들여 대처하지 않고 나라를 멸망의 길로 이끌었다.

＊04 16세기 명나라 중기의 제12대 황제로, 즉위 직후 간언하는 신하 200여 명을 투옥했기 때문에 간신이 없어졌다. 그 후, 황제는 조정에는 소홀히 하고 방에 틀어박혀 늙지도 않고 죽지도 않는 방법에 심취한다. 말년에 해서(海瑞)가 직언하자 그를 투옥시키지만 그 직후 도사에서 받은 약물(불로장생의 묘약)를 마시고 급사했다.

＊05 우한은 '나는 역사가이지 경극 작가가 아니다'라고 거듭 거절했는데도, 마오쩌둥이 억지로 작품을 쓰게 했다.

이 자를 파면한 어리석은 황제(가정제)는 나를 풍자한 것이다!"

자신이 직접 작품을 쓰도록 유도하고서는 말도 안 되는 결론을 내린 것이다.

사실 동서고금을 막론하고 독재자는 모두 자신이 행한 숙청이나 학살이 자신에게 되돌아올까 봐 두려운 나머지 피해망상과 의구심이 비정상적으로 격해진다. 그 결과 늘 적을 찾고 그 사람을 죽이지 않으면 정서가 불안정해진다.

그 반동으로 스스로를 '절대자' 혹은 '초인'으로 착각하고, 주위 사람의 칭찬과 애정에 굶주린 나머지, 이것을 계속해서 요구하게 된다.

> ### ▶️ 숙청의 논리 ⑪
>
> 심한 숙청을 통과한 독재자는 대부분 편집병 증세를 보인다.
> 그 증상이 발병하면 숙청이 끝없이 심해지는 악순환을 낳는다.

사실 이 같은 증상은 편집병이라는 정신병 증상과 일치하기 때문에 이것은 통치에 실패한 독재자의 직업병이라 보아도 좋을 것이다. 마오쩌둥이 몇 번이나 백가쟁명을 원한 것도, 조금이라도 자신에게 비판적인 사람을 계속 죽인 것도, 모두 이런 편집증[06] 때문이다. 일반인과 달리 정신과 의사의 진단과 치료를 받을 수도 없기 때문에 권력자에게 이 병이 생기면 그 나라 국민들은 끔찍한 지옥으로 떨어지게 된다.

---

[06] 편집증 증상으로는 그 밖에도 타인의 아픔에 공감하지 못하는 '지배욕'과 '이상 성욕' 등이 있다. 이런 점에서도 마오쩌둥의 언행은 모두 편집증 증상과 일치한다.

🗡 어린 미성년에게 칼자루를 쥐어 준 결과

아직 인생 경험이 적어 세상 물정을 모르는 나이에는 대충 지식을 익힌 것만으로 무엇 하나 제대로 알지 못하면서도 모두 아는 듯한 기분에 사로잡히기 쉽다. 자신의 무지와 미숙을 자각하지 못하기 때문에 자만심에 빠져 어른과 사회를 비판하고 싶어진다. 10대 중반에서 20대 중반의 나이가 바로 그럴 때*07이다. 겉모습은 성인이지만 두뇌는 아직 어린 이들은 그럴듯한 슬로건을 주고 조금 부추기기만 하면 쉽게 움직인다. 때문에 사악한 야망을 가진 선동자에게 이들 만큼 다루기 쉬운 존재도 없다.*08

이때 마오쩌둥도 권력 탈취의 수단으로 이들에게 눈길을 돌린다. 그는 먼저 《마오쩌둥 어록(毛澤東語錄)》*09을 저술해 이것을 가지고 젊은 이들에게 포교를 시작했다. 자신에 대한 개인 숭배를 촉구하기 시작한 것이다.

어느 시대나 젊은이들은 사회에 억울함을 느끼기 마련이다. 거기다 넘치는 활력을 주체하지 못하고 그것을 어디에 풀어야 할지 몰라 번

＊07 이러한 젊은이 특유의 증상에 대한 명칭이 없었다. 그런데 최근 '중2병'이라고 부르는 사람이 많아졌다. 사춘기에는 누구에게나 이런 홍역 같은 증상을 거치지만 20대 중반이 지나도 이와 같은 증상이 남아 있다면 사회생활에 큰 지장을 초래한다.

＊08 일본에도 예전에 도쿄대학교를 중심으로 "안보 반대!"를 외치며 폭동이 일어난 적이 있었는데 이런 일 등이 그 전형적인 예이다. 정치나 외교, 역사도 모르면서 조금 갉아먹어본 지식으로 알 듯한 기분이 되어 본인은 '자신의 의사로 정의를 위해 싸우고 있다!'라고 만족하지만, 사실은 그 배후의 선동자에게 조종되고 있을 뿐이다.

＊09 이는 마치 히틀러의 《나의 투쟁》에 해당한다.

민한다. 이런 이들에게 미끼를 던지면 무서운 속도로 걸려드는 게 당연하다. 아무것도 모르는 젊은이 중에서 마오쩌둥 추종자가 나타나는 데는 그리 오랜 시간이 걸리지 않았다.

그들은 《마오쩌둥 어록》을 한 손에 들고 시위에 나섰고 그것을 시작으로 은거하고 있던 펑더화이를 청두(成都)에서 베이징으로 강제연행했다. 그곳에서 이미 나이가 70에 가까운 개국공신 펑더화이는 젊은이들에게 모욕을 당하고, 짓밟히고, 조롱당하고, 고문을 받아 반신불수가 되고 말았다.[10]

이 때문에 펑더화이는 거동이 불편한 상태로 감금되어 병이 나도 치료를 받지 못하고 있다가 결국 볼썽사나운 모습으로 죽었다. 하지만 이 사건은 아직 지옥의 초입에 지나지 않았다.

펑더화이가 죽자마자 마오쩌둥이 선동하는 화살은 류사오치·덩샤오핑 등 정부 수뇌를 향했다. 당황한 정부는 학생운동금지령을 내렸으나 마오쩌둥은 조반유리(造返有理, 모든 반항과 반란에는 그 나름대로 이유가 있다는 것을 이르는 말)를 내걸고 학생들을 옹호한다. 학생들은 마오쩌둥이란 강력한 후원자를 얻어 기세가 등등했다.

"우리에겐 마오쩌둥 동지가 있다!"

하지만 그것은 금단의 열매였다. 굶주림도 다툼도 질병도 없는 낙원에 살던 아담과 이브는 금단의 열매를 따 먹었기 때문에 에덴에서

---

*10 일본으로 치자면, 메이지의 공신인 사이고 다카모리를 수많은 젊은이들이 한데 모여 괴롭힌 것이나 마찬가지이다.

쫓겨났다. 그리고 쫓겨난 아담과 이브뿐만 아니라 자자손손 고통과 전쟁, 범죄, 질병, 그리고 죽음이 있는 세상에서 살게 되었다.

마오쩌둥도 금단의 열매에 손을 대고 말았기 때문에 이후 중국 인민은 반영구적으로 고통 속에서 살게 된다. 아직 선악에 대한 판단을 제대로 하지 못하는 젊은이들에게 큰 칼을 쥐어주면 자신이 강해진 것 같은 착각에 빠져 폭주하기 때문에 손을 쓸 수 없게 되는 것은 불 보듯 뻔한 일이다. 그런데 마오쩌둥은 그런 결과는 고려하지 않고 이들을 안이하게 다뤘다.

🗡 중국 문명을 무분별하게 파괴한 홍위병

어느 나라에서나 청소년들은 항상 부모나 교사, 상사, 기타 윗사람에게 억눌려 살게 마련이다. 특히 당시의 중국은 주인에 대한 충성심, 부모에 대한 효심, 남편에 대한 열심(烈心), 연장자에 대한 공경심 등 유교사상이 깊숙이 침투해 윗사람을 대하는 덕목*11을 철저하게 지켰기 때문에 아랫사람을 향한 억압은 상당했을 것으로 짐작할 수 있다.

그런데 사회적 약자에 속했던 그들이 홍위병이라는 직함을 얻고 마

---

*11 충(忠, 주군에게 마땅히 지켜야 할 도리)·효(孝, 부모에게 마땅히 지켜야 할 도리)·열(烈, 남편에게 마땅히 지켜야 할 도리), 이 세 가지를 삼강(三綱)이라 하고, 여기에 제(悌,연장자에게 마땅히 지켜야 할 도리)를 더한 총체적인 도리가 인(仁)이다. 이 인(仁)에 의(義, 정의)·예(禮, 경의)·지(智, 도리)·신(信, 신뢰성)의 5가지 기본적 덕목을 오상(五常)이라고 한다.

오쩌둥이라는 후원자를 얻었다. 거기다 《마오쩌둥 어록》만 있으면, 지금까지 으름장을 놓던 부모나 교사가 꼼짝 못했을 테니까 당시 젊은이들이 얼마나 통쾌했을지 짐작하고도 남는다.

기세등등한 홍위병들이 평소 불만스럽게 생각했던 사람을 공격 대상으로 삼은 것은 당연한 결과라고 할 수 있다.

"나를 때린 교사는 자본주의의 앞잡이다!"

"지금까지 아버지랍시고 늘 나를 괴롭혔잖아! 그런 방식은 이제 낡은 봉건사상이야!"

이렇듯 무엇이든 마음에 들지 않는 것은 '자본주의적', '봉건적', '권위주의적'이라고 단정하고, 습격하고 다녔던 것이다.

학교에 쳐들어가서는 교장 이하 교사들에게 모진 곤욕을 주고 폭행한 다음 휴교시켰다. 공장에 쳐들어가서는 "기계는 자본주의적!"이라며 쳐부수어 휴업하게 만들었다. 사원(절)에 쳐들어가서는 "봉건 시대의 유물!"이라며 불상 등을 마구 파괴했다.

단지 교사에게 반항하고 싶었을 뿐이고, 학교에 가고 싶지 않았을 뿐이고, 일하고 싶지 않았을 뿐이고, 그저 미쳐 보고 싶었을 뿐이었을 것이다. 그런데 심지어 화장이나 파마를 하고 있는 여성만 봐도 "자본주의의 앞잡이!", "자기비판을 해야 한다!"며 두 손을 결박하고는 바리캉으로 머리를 밀어 버리기도 했다.

사람들은 이들 홍위병들이 습격할 곳이 사라지면 이제 그만하겠지 생각했다. 하지만 그들은 마구잡이로 습격 대상을 물색하면서 어디선가 밀고가 들어오면 그곳에 다 함께 쳐들어갔다. 게다가 습격 자체를 목적으로 삼았기 때문에 밀고의 진위 등은 전혀 고려하지 않았다. 밀고에 의해 붙잡힌 자는 아무 것도 묻지 않고 규탄한 것은 물론, 심지어 갓난아이도 "죄는 9대에 이른다"며 태연하게 죽였다.[12]

상황이 이렇게 흐르면 개인적으로 마음에 들지 않는 사람까지 무차별적으로 밀고하게 된다. 의심을 하기 시작하면 모든 것이 의심스럽고 무서워진다. 그렇기 때문에 밀고 전쟁이 시작하기까지 그리 많은 시간이 걸리지 않았다.[13]

이러한 세상에서는 먼저 밀고하는 사람이 승리한다. 때문에 그러한 짓을 아무렇지도 않게 저지를 비열한 인간, 뒷공작에 능한 사람·냉혈한 같은 형편없는 인간만이 살아남고, 성실한 사람이나 양심적이고 우직한 사람, 정직한 사람들은 모조리 죽는다.

이때 살해당한 사람의 수는 중국 공산당이 발표한 것만도 40만 명이다. 하지만 중국 정부의 발표는 사정에 따라 10~20분의 1로 줄이거나 10~20배로 늘리는 경우도 많아 중국 국외의 연구결과(1,000만~2,000만 명 이상)가 오히려 현실에 가까운 숫자일 것으로 보인다. 이것이 바로 극히 평범한 젊은이에게 권력을 쥐어 준 결과였다.

---

[12] 이것은 오류도 비유도 아니다. 그들은 정말로 갓난아기도 죽였다. 사료에 따르면, 생후 10일 된 갓난아기도 죽였다고 한다. 어디서나 볼 수 있는 평범한 학생이 음모를 짜고, 무고한 사람들을 아무런 증거도 없이 다들 지나다니는 거리에서 죽였다. 이것을 보면 문화대혁명이 얼마나 광기에 가득 찼는지 알 수 있다.

[13] 친구를 고자질하는 일도 일상다반사였고 연인을 밀고하거나 심지어 자식이 부모를 밀고하는 일조차 드물지 않았다.

⚔ 이렇게 옛 중국이 망하다

하지만 문화대혁명에서 살해된 사람 수는 대약진운동에 미치지 못했다. 그런데 그후 역사에 미친 영향력은 대약진운동에 비할 바가 아니다. '대약진운동'으로 5,000만 명이나 되는 사람들이 굶어죽었다.

하지만 이것도 중국의 총인구로 보면 10분의 1도 되지 않으며, 굶어죽은 사람은 대부분 빈곤층이었다. 사실, 문명 계층이 아닌 자들이 아무리 많이 죽어도 중국 문명 그 자체는 꿈쩍도 하지 않는다. 중국의 역사를 들여다보면 이 정도로 인구가 감소한 일도 수없이 많았다. 총인구 수가 몇 분의 일까지 떨어진 일조차 드물지 않았으나*14 그렇다고 중국의 국민성·정치 풍토·문화·전통·학문·종교 등 중국의 본질이 요동친 적은 없다.

하지만 마오쩌둥이 일으킨 문화대혁명은 달랐다. 살해당한 자는 1,000만 명이지만,*15 지식인이나 교양인, 학자, 양식 있는 사람 등 중국의 문명계층이 대거 사망했다. 그 결과 고대로부터 면면히 이어져 내려온 중국은 여기서 두절되었다. 지금 우리가 보고 있는 중국인은 어디까지나 광기와 밀고가 지배한 문화대혁명 10년을 살아남은 사람들의 후예로, 역사서 속에 그려진 옛 한족과는 완전히 이질적인 존재가 되어 버렸다.

---

*14 신왕조 전후, 삼국 시대와 그 전후, 당나라 중기, 명나라 말기, 청나라 말기 등등.

*15 그 이전의 대약진운동 때 굶어죽은 사람보다 훨씬 적기 때문에 소규모로 보일 수 있을지도 모른다. 하지만 히틀러가 행한 홀로코스트(유대인 멸종 작전)의 희생자 수(200만~600만 명)보다 훨씬 많다.

중국은 숙청의 역사를 반복하면서도 본질적인 부분만큼은 면면히 이어갔지만 그 종말에 마오쩌둥이라는 괴물을 낳고 스스로 멸망을 택했다.

🗡 홍위병의 말로

이 광기 어린 운동은 마오쩌둥 개인의 '복권하고 싶다'는 야심을 충족하기 위해 행해진 것이었다. 하지만 그 때문에 문명은 파괴되고 중국의 생산 능력은 격감해 이를 회복하는 데 30년이 걸렸을 정도다.

이 혼란 속에서 '실권파'나 '주자파'라는 낙인이 찍혀 홍위병의 공격 대상이 된 류사오치와 덩샤오핑이 실각함으로써 마오쩌둥은 소기의 목적을 달성했다.

목적을 달성하고 나면 마오쩌둥의 충견에 불과한 홍위병은 이제 아무 쓸모가 없다.

"교활한 토끼를 다 잡고 나면 사냥개도 잡아먹는다."

중국에 예로부터 전해지는 속담대로 교활한 토끼(류사오치와 덩샤오핑)가 없어지면 사냥개(홍위병)는 필요 없다.

마오쩌둥은 갑자기 홍위병에게 "농민에게 배우라!"고 통지하고 이들을 농촌으로 추방해 강제 노동을 시켰다. 이것은 백화제방 때 마오쩌둥을 비판하다 처분당한 지식인들을 다루던 방식이었다.

농촌에서 남학생들은 농노처럼 혹사당했다. 중노동 같은 일을 한

적이 없는 연약한 그들은 비슬비슬 쓰러졌다. 노동력이 없는 여학생들은 매춘을 강요당하고 강간당해 자살하는 사람이 잇따랐다.

마오쩌둥에게 사람의 생명이란 이처럼 벌레나 마찬가지였다. 자신을 지지해 준 사람이라도 쓸모가 없어지면 헌신짝처럼 버리는 냉혹함을 지닌 마오쩌둥은 이렇게 큰소리쳤다.

"우리 중국은 국토가 넓고 인구도 많다.

중국 인구의 절반이 사라져도 여전히 3억이 남는다.

즉시 원래 숫자로 돌아갈 수 있으니까 아무런 문제가 없다!" [16]

타인의 생명은 수억 명이 죽어도 그는 전혀 개의치 않았다. 마오쩌둥에 의해 중국은 파괴되어 버린 것이다.

숙청을 거듭해 온 중국인의 심리 저변에는 '적대하는 자는 철저히 없애야 한다'는 가치관이 흐르고 있다. 이것이 밖으로 향하면 '대학살'을 낳고, 파괴와 단절이 반복되기 때문에 길게 오래가는 것은 아무것도 없다.

그들은 툭하면 중국이 '5,000년의 역사'를 가졌다고 자화자찬하지만 뚜껑을 열어 보면 300년 이상 계속된 왕조는 하나도 없다. 이렇게 무엇을 해도 오래 지속하지 못하는 콤플렉스의 표현이 그런 허세를 부리게 만든 것이다.

예컨대 오랜만에 천하를 통일한 송나라 태종 조광의(趙匡義)는 일본

---

*16 1957년 11월, 마오쩌둥이 모스크바에서 개최된 10월 혁명 40주년 기념식에 소련을 방문했을 때 흐루쇼프에게 한 말이라고 한다.

에 대해 전해 듣고 탄식했다고 한다.

"일본이라는 오랑캐 나라의 왕가(천황)가 만세일계(萬世一系, 단 한 번
도 단절된 적이 없이 같은 혈통이 영속됨)의 혈통이라고!?

그게 바로 왕조의 영광 아닌가, 정말 부러울 따름이네. 그에 비하
면 우리나라는 눈이 돌 정도로 빠르게 왕조 교체를 거듭해 오지
않았는가. 우리 왕조도 일본같이 되었으면 좋겠다."*17

오늘날에도 중국은 예로부터 면면히 이어져 온 조직은 적다. 예를
들어 기업 하나만 봐도 그렇다. 기업의 평균 수명은 불과 2년 반 정도
이고, 창업 200년을 넘는 전통 기업 수는 전체 기업 1,300만 중 겨우
64개뿐이다.

---

*17 출처 : 정사(正史) 《송사(宋史)》 일본전.

중국을 끊임없이 괴롭히고 있는
마오쩌둥의 잔재

🗡 2세대 덩샤오핑

1976년은 중국에 있어서 획기적인 해였다. 그해 1월 오랜 기간 마오쩌둥을 지지해 온 저우언라이가 사망하고, 7월에는 건국의 아버지인 주더가 사망했다. 그리고 9월, 마침내 마오쩌둥도 세상을 떠났기 때문이다.

향년 84세(만 82세). 평생에 걸쳐 7,000만 명의 자국민을 죽인 인류 역사상 가장 흉악한 독재자도 드디어 무덤에 들어가고 시대는 2세대로 돌입하게 된다.

하지만 마오쩌둥의 사후에도 그 망령은 계속 중국을 괴롭혔다. 만년의 마오쩌둥이 국가 주석을 사임한 후에도 '그림자 지배자'로서 산접통치를 계속한 것은 후진 중국의 모습을 보여준 것이다.

마오쩌둥이 죽은 후 어릴 적부터 기른 부하인 화궈펑(華國鋒)과 저우언라이가 좋아했던 덩샤오핑이 대결하게 되었다. 하지만 선대의 파벌(화궈펑 파)은 덩샤오핑에 의해 숙청되고 2세대는 덩샤오핑에 바통을 넘기게 된다.

하지만 실권을 잡은 덩샤오핑은 그대로 선대의 방식을 모방해 군부를 누를 뿐 자신은 밖으로 나오지 않았다. 후진타오(胡錦濤), 자오쯔양(趙紫陽), 장쩌민(江澤民) 등 자신의 꼭두각시를 자신의 그림자*01로 사용하여 그들을 정치 비판의 앞잡이로 내세우고 자신은 안전한 곳에서 실권을 휘둘렀다.

⚔ 3~5세대 장쩌민, 후진타오, 시진핑

덩샤오핑이 죽은 뒤, 3세대를 맡은 장쩌민도 마찬가지였다. 그는 선대(덩샤오핑)를 떠받치고 있던 파벌(베이징파)을 숙청하고 실권을 잡은 다음 자신의 지지 기반(상하이파)을 키워 갔다. 당 총서기와 국가 주석 임기*02가 만료되면 선대의 간접 통치를 답습해 자신이 어릴 적부터 기른 부하를 후임으로 내세우고 이를 꼭두각시로 삼아 정계를 조종하려고 했다. 이처럼 덩샤오핑 이후의 지도자들은 원활한 간접 통치를 위

---

*01 진짜와 비슷하게 만든 것. 그림자 분신술, 그림자 총리, 그림자 내각 등의 그림자를 지칭한다.

*02 1982년에 제정된 헌법에는 '국가 주석의 임기는 1기 5년, 2기까지'라고 명시되어 있었다.

해서 무능한 충견을 차세대에 뽑으려고 했다. 이렇게 되면 아무래도 힘없는 잔챙이가 정권을 잇게 된다.

그런데 여기서 장쩌민에게 예상치 못한 일이 발생한다. 장쩌민이 충견으로 선택한 4세대 후진타오가 국가 주석이 되자 그에게 적의를 드러내며, 장쩌민의 지지 기반인 상하이파를 숙청하기 시작했기 때문이다. 장쩌민으로서는 전혀 예상치 못한 반격이었다. 이렇게 양쪽이 격전을 벌이는 가운데, 시진핑이 어부지리로 승자의 자리를 차지하게 된다.

이렇게 해서 시대는 드디어 5세대로 이행되었다.

🗡 역사를 배우는 의미

역사 공부를 단지 교과서나 역사서에 쓰인 것을 외우는 것만으로는 아무런 의미가 없다. 비유하자면 《논어》를 읽고도 《논어》를 모르는 격이다. 항간에 이처럼 역사를 좋아하면서도 역사를 모르는 자가 얼마나 많은가.

역사를 배우는 큰 의미는 온고지신(溫故知新)·계왕개래·승전계후*03 처럼 과거의 사건을 고찰하고 지금과의 공통점과 차이점을 비교·대조함으로써 미래를 추측하는 것이다. 그렇다면 현재와 미래의 중화인민

---

*03 계왕개래(繼往開來)나 승전계후(承前啓後) 모두 '옛 성인들의 가르침을 이어받아서 그 것을 바탕으로 미래를 개척하고 발전시킨다는 의미이다.

공화국은 과거 중국의 역사와 비교했을 때 무엇이 보일까?

여기까지 읽은 독자 여러분은 이제 알 수 있을 것이다. 중화인민공화국의 역사가 중국 마지막 한족 왕조인 명나라 역사와 흡사하다는 것을 말이다.

✗ 명나라 역대 황제와 현대 중국의 지도자들

● 초대 – 홍무제와 마오쩌둥

명나라 초대 황제 홍무제는 농민 출신으로 새로운 왕조를 건국했으나 이후 역사에 기록될 정도로 대숙청을 일으켜 나라를 혼란에 빠뜨렸다. 바로 마오쩌둥의 경력 그 자체다.

또한 홍무제는 북방 민족(北元)과 부력 충돌을 거듭하면서 남쪽에서는 외적에게 시달리고, 남북으로 협공을 받는 형태가 되었기 때문에 일본의 무로마치 막부 3대 쇼군 아시카가 요시미츠(足利義光)와 손잡고 외적을 물리치는 길을 선택했다.

이것은 마오쩌둥이 소련과 대립하고 무력 충돌까지 이르자 동서(미국과 소련)로 협공을 받는 형국에 처해 미국(닉슨 대통령)과 맺은 미·중 국교 정상화 움직임과 딱 겹친다.

● 2대 – 건문제와 화궈펑

제2대 건문제는 선황제가 마음에 들어 했을 뿐 특별한 재능이 있었던 것은 아니다. 거친 세파를 모르고 곱게 자란 온실 속 도련님이었던 건문제는, 실수 없이 업무를 해 냈다는 이유로 마오쩌둥의 신뢰[04]를 얻어 후계자 지명을 받은 화궈펑을 연상시킨다.

● 3대 - 영락제와 덩샤오핑

하지만 건문제의 즉위를 달가워하지 않는 연왕(燕王) 주체(朱棣)와의 사이에 정권 다툼(정난의 변)이 일어나자 미숙한 청년은 노련한 농간자의 상대가 되지 않았고, 이에 연왕이 제3대 영락제로서 즉위했다. 그런데 이것은 잔챙이 화궈펑이 후계자가 된 것을 달가워하지 않던 노련한 덩샤오핑과의 사이에 일어난 정쟁 및 그 결과와 흡사하다.

● 4~5대 - 홍희제·선덕제와 장쩌민·후진타오

영락제가 죽은 후 명나라는 인종(仁宗) 홍희제(洪熙帝)와 선종(宣宗) 선덕제(宣德帝)의 두 대에 걸쳐 일삼던 무리한 외정(外征)이나 과도한 토목 사업을 멈추고 경제 재건에 힘을 쏟았기 때문에 드디어 창업기부터 '인선지치(仁宣之治)'[05]라 불리는 안정기에 돌입했다.

확실히 영락제 시대는 밖으로는 잇따른 대외 전쟁에 대함대를 파견하고, 안으로는 휘황찬란한 토목 사업을 벌여 외부에서 보기에는 화

---

[04] 판단력도 통솔력도 없는 잔챙이여서 오히려 자신을 반역하지 못할 것이라는 안정감에 지나지 않았다.
[05] 홍희제·선덕제의 각 묘호인 인종과 선종의 머리글자를 딴 표현으로, 그들의 통치 시기를 일컫는다.

려한 절정기다운 위용을 자랑했다. 하지만 그만큼 국민의 부담은 컸고, 그 피폐는 한계에 달했다.

홍희제와 선덕제 시대는 회복을 도모함으로써 급속히 국력이 안정되어 갔다. 하지만 현대 중국에서도 장쩌민과 후진타오는 경제 회복에 진력해 일정한 성과를 거두었기 때문에 그러한 의미에서 두 사람은 홍희제와 선덕제를 방불케 한다.

🗡 그리고 정통제와 시진핑

이렇게 비교해 보면, 중국은 놀랄 만큼 명나라와 똑같은 역사를 걷고 있음을 알 수 있다.

이를 감안하면 후진타오의 뒤를 이어 등판한 시진핑은 아직 정치인으로서 제대로 평가할 수는 없지만 역시 제6대 정통제(正統帝)의 역사적 역할을 맡기 위해 역사의 무대에 등장했을 가능성이 높다. 그렇다면 정통제의 통치를 알면 시진핑의 정치를 읽을 수도 있다.

그래서 마지막으로 명나라 6대 정통제와 시진핑을 비교해 보겠다.

● 6대 – 정통제와 시진핑

홍희제와 선덕제의 안정기를 거쳐 정통제가 직접 정치를 시작하자 정치는 급속히 부패하기 시작했다. 이에 따라 사회는 퇴폐해 부자는 더욱 부유해지고 가난한 자는 더욱 가난해지는*06 양상을 보이면서 각지에서 반란이 빈발*07하기 시작한다.

사실 이처럼 나라가 기울기 시작했으나 아직 번영기의 여운이 남아 있을 때가 가장 위험하다. 왜냐하면 국력은 쇠약해지고 있는데 이를 자각하지 못할 뿐 아니라 자신의 역량은 생각하지 않고 강하게 나오기 때문이다.*08

바로 그때, 이러한 명나라의 황혼과는 상대적으로, 북방에서는 몽골 오이라트(서몽골) 세력이 고개를 들었다. 하지만 명나라는 이에 대해 50만이라는 정벌군으로 결전에 도전한다. 하지만 아무리 숫자가 많아도 쇠퇴기에 들어간 나라의 군대가 강할 리 없다.

겉으로 드러나는 위용과는 정반대로, 속은 부패할 대로 부패해 3만 명에 불과한 오이라트군 앞에서 거의 전멸되고 만다. 뿐만 아니라 적군이 본진에 들어와, 혼란 속에서 정통제를 포로로 붙잡아 가는 상황*09 마저 벌어졌다.

명나라는 이를 분기점으로 다음의 경태제(景泰帝)에서 마지막 숭정제(崇禎帝)까지 200년 동안 총 10명의 황제를 배출했다. 하지만 죄다 평

---

06 신약성경의 "무릇 있는 자는 받아 넉넉하게 되되 무릇 없는 자는 그 있는 것도 빼앗기리라"라는 구절을 빌려 개념화한 것이다. 이 같은 '부익부 빈익빈' 현상을 '마태효과(Matthew effect)'라고 한다(마태복음 13:12).

07 사임발(思任發)의 난(1438~1441년), 등무칠(鄧茂七)의 난(1448~1449년) 등을 들 수 있다.

08 마치 중년에 접어들어 근력이 쇠약해져 있는데 그것을 자각하지 못하는 꼴이다. 마음만은 젊었을 때와 같기 때문에 공중제비를 해서 머리부터 떨어진 결과 하반신 불수가 되는 모습을 상상하면 이해하기 쉽다.

09 토목지변(土木之變)(1449년). 중국의 오랜 역사상 통일 왕조의 황제가 야전에서 포로가 된 것은 이 일이 처음이자 마지막이다.

범하거나 어리석은 황제일 뿐, 단 한 사람도 명군이 나타나지 않고 망해 갔다. 동서고금을 막론하고 일단 쇠퇴기에 접어든 왕조에서 명군이 배출되는 일은 거의 없다.

명나라 역사로 보는 현대 중국의 미래

이로써 미루어보면, 중국이 주변국에 군사적 위협을 높이는 이유를 알 수 있다. 전 시대의 경제적 번영의 여운이 남아 있기는 하지만 내부적으로는 정치가 부패하고 사회는 퇴폐해 빈부의 격차가 심해지고 있는 현재 중국의 모습은 바로 정통제 시대의 명나라와 쏙 빼닮았다.

이러한 시대에 나타난 시진핑은 국가 주석에 취임한 이래로 엄청난 기세로 군비를 확장하고 주변 여러 나라에 압력을 넣으면서 일부러 허세를 부리고 있음에 틀림없다.

하지만 숫자나 상황만을 보고, "21세기 패권국은 중국이다!"라고 외치는 석학이나 분석가가 매우 많다. 그러나 이러한 견해는 바로 눈앞의 사슴을 쫓다 산을 보지 못하고, 박식하지만 중요한 것을 모르고, 하찮은 일에 눈을 빼앗겨 대세를 보지 못한 사람들의 것이다.

장기간 앓던 사람이 죽기 직전 갑자기 몸이 좋아지는 경우가 있다. 하지만 안목이 없는 자는 이를 보고 순진하게 "병이 나았다!"고 기뻐한다. 역사적으로 보면, 중국은 지금 패권을 목표로 하기는커녕 역대 중국 왕조가 예외 없이 시달린 죽음의 병을 앓고 있는지도 모른다.

"약한 개일수록 자주 짖는다."

지금 중국이 외압을 강화하는 건 기세가 등등해서가 아니다. '약하기 때문에', '죽음 직전에 있기 때문'에 그렇다.*10

명나라 정통제 시절에도 토목지변에 패하기 직전까지 기세등등해 보였다. 하지만 실제 전쟁 결과는 50만 대군이 3만 명의 열세에 완패하는 망신을 보였다. 현대 중국도 이제 어느 나라와 교전 상태가 되면, 정통제 시절 명나라처럼 단숨에 붕괴되기 시작할 가능성이 크다.

지금이야말로 현대 중국이 간과하고 있는 역사의 가르침을 되돌아볼 때이다.

---

*10 역사의 법칙 ②(p.16) 참조.

마오쩌둥의 후계자

민족 정화를 도모한
폴 포트의 이상향

영국에서 탄생한 마르크스주의는 러시아에서 변질되고, 중국에서 왜곡되었다. 그리고 그것이 북한과 캄보디아에 전해졌을 때는 이미 원형이 남지 않고, 김일성과 폴 포트를 낳아 국민을 지옥으로 밀어 넣었다.

특히 마오쩌둥 사상에 심취한 폴 포트는 그것을 더욱 첨예화해 원시 공산사회를 내걸고 '민족을 정화한다', '지식인은 적'이라며 무차별 학살을 시작한다.

독서를 했을 뿐이고, 손목시계를 차고 안경을 끼었을 뿐이고, 손을 깨끗이 씻었을 뿐인데, 지식인처럼 보인다는 이유로 처형했다. 이렇게 문화의 전수자인 지식인을 중심으로 캄보디아 국민의 4분의 1 수준인 200만 명 안팎이 학살되었다. 뿐만 아니라, 종교는 공산주의 사상의 적이고, 학교는 부르주아적, 화폐는 자본주의의 악폐, 병원은 서구의 악한 제도, 가족은 구제의 상징이라며 사회의 근간을 이루는 시스템까지 부정하고 폐지하거나 파괴해 나갔다.

하지만 본인은 이렇게 변명한다.

"나는 학살 같은 건 하지 않았다.

캄보디아를 위해 민족을 청정하게 만들었을 뿐이다."

4장

숙청이 남긴
교훈

지식의 습득은 학문의 기본,
지식의 활용은 학문의 종착지이다

모르고 지은 죄에 관대한 기독교,
모르고 지은 죄가 무겁다고 가르치는 불교

대량의 식재료를 창고에서 썩히는 어리석음

지금까지 중국과 유럽을 중심으로 그곳에서 전개된 숙청을 주제로 요점을 간추려 보았다. 역사라는 것은 모름지기 이제부터가 승부, 이제부터가 고비, 이제부터 참맛을 느낄 수 있다. 아무리 많은 책을 읽고 아무리 방대한 지식을 쌓았다 해도 거기에 그친다면 모처럼 많은 식재료(지식)을 모아 두고서 그것을 창고(뇌)에 넣어 잠그고 썩게 하는 행위와 유사하다. 식재료는 창고에서 꺼내 요리를 만들어 사람들의 혀를 즐겁게 하고 배를 채웠을 때 비로소 제구실을 하게 된다. 이처럼 역사 지식도 공통점이나 차이점, 의의나 의미를 찾아내고 그것을 실천하여 실생활에 활용할 수 있을 때 비로소 살아 있는 지식이 되며, 배움의 의미가 생긴다.

⚔ 어리석은 자는 역사에서 교훈을 얻지 못한다

하지만 안타깝게도 지식을 얻는 데서 만족해 버리는 사람이 얼마나 많은가. 그 유명한 천재 정치가 오토 비스마르크*01는 이렇게 말했다.

"어리석은 자는 경험에서 배우고, 지혜로운 자는 역사에서 배운다."

어리석은 자들은 역사를 배우려고 하지 않고, 자신의 좁은 경험으로만 판단하기 때문에 실패를 거듭한다. 하지만 현명한 사람은 유구한 역사 속 선인의 실패를 바탕으로 배우기 때문에 보통 사람이 생각하지 못한 판단과 행동을 취할 수 있어 실패가 적다.

하지만 나는 한 걸음 더 나아가 이렇게 말하고 싶다.

"어리석은 자는 역사를 배우는 데 그치고

지혜로운 자는 역사에서 배운다."

사실, 비스마르크가 말한 어리석은 자 중에도 역사를 배우는 사람은 많다. 하지만 역사를 배우면서도 역사에서 배우지 않아 결국 역사에 무지한 사람이나 마찬가지이다. 아니, 오히려 섣부른 지식으로 자신을 박식하다고 착각하고 있는 만큼, 자신의 어리석은 행동을 정의라고 믿고 움직이기 때문에 무지를 자각하고 있는 사람보다 질이 나쁘다.

---

*01 독일은 신성 로마 제국의 황제 프리드리히 2세가 죽은 1250년에서 독일 제2제국이 성립하는 1871년까지 620년에 걸쳐 각지에 영방국가(13세기에 독일 황제권이 약화되자 봉건 제후들이 세운 지방 국가)가 난립한 분열 상태에 놓여 있었다. 하지만 그 독일 통일을 이룬 대재상이 바로 오토 비스마르크(Otto von Bismarck)이다. 현재 독일은 그가 만든 독일 제2제국에서 시작되었다.

🗡 악인의 악행보다 선인의 악행이 훨씬 무섭다

역사가 가르쳐주는 중요한 교훈 중에는 이런 것이 있다.

🎓 역사의 법칙 ⑭

악인의 악행은 대수롭지 않다.
선인의 악행이 오히려 흉악한 참사를 낳는다.

나쁜 일인 줄 알면서 악한 일을 하는 것과 나쁜 일인 줄 모르고 악한 일을 하는 것 중 과연 어느 쪽이 더 악할까?

현대 사회에서는 나쁜 일인 줄 알면서 악한 일을 하는 것이 더 나쁘다는 가치관이 만연해 있다. 법원에서도 피고인은 자꾸만 몰랐다고 변명한다. 하지만 원래 이것은 기독교적 가치관이다. 《성경》은 구약과 신약을 불문하고 '악인 줄 모르고 행한 나쁜 일은 정상 참작의 여지가 있다'는 가치관으로 관철되어 있다.

예컨대 신약의 주인공 예수는 십자가에 달렸을 때 하늘을 우러러 이렇게 기도한다.

"아버지, 저들을 사하여 주옵소서.

자기들이 하는 것을 알지 못함이니이다." *02

예수는 처형인이 자신들이 저지른 죄(자신과 같은 성인을 죽이려고 하는

---

*02 누가복음 23:34.

죄)를 알지 못한다며 신에게 용서를 구한다.

구약 성경의 주인공 하느님도 마찬가지이다. 하느님도 자신의 존재를 알면서도 자신에게 속하지 않는 백성에 대해서 "그때에 너는 그들을 진멸할 것이라"라고 말하면서도 자신의 존재를 모르는 먼 곳의 백성에 대해서는 "먼저 항복을 권고한 후에 하라"라고 문답이 필요 없는 절대 명령이 아니라 일말의 자비*03를 베푼다. 이러한 내용을 통해 기독교는 '모르고 지은 죄는 정상 참작의 여지가 있다'는 가치관을 지녔음을 알 수 있다.

하지만 불교에서는 그렇게 가르치지 않는다.

어느 날 부처의 제자 아난다*04가 스승에게 물었다.

"선생님, 알고 지은 죄와 모르고 지은 죄 중에서 어느 쪽이 더 무겁습니까?"

이 난제에 석가모니는 즉답한다.

"그것은 모르고 짓는 죄가 훨씬 무겁기 마련이다."

"그 이유는 무엇입니까?"

"너는 달아서 뜨거워진 부젓가락이라는 것을 알면서 그것을 잡는 것과 모르고 잡는 것 중에 어느 쪽이 심하게 화상을 입을 것 같은가?"

---

*03 무엇보다 그 후 저항도 없이 무조건 항복한 모든 주민을 강제 노동에 복종하게 하고 너희를 섬기게 하라고 말한다. 몰살은 하지 않아도 되지만 노예 삼아도 된다고 말하는 것이다.

*04 부처님의 사촌 동생이라 불리는 인물로, 항상 부처 옆에 있어 '석가모니의 10제자' 중 한 사람으로 꼽히는 수제자이다. 제1회 불전 결집이 행해졌을 때 대부분 자신의 기억을 더듬어 부처의 말을 인용했을 정도다.

"그걸 알고 있으면 흠칫 놀라 잡겠지만 모르면 아무렇게나 잡기 때문에 모르고 잡을 때 더 화상이 심할 것 같습니다."

"그와 마찬가지이다. 죄라는 것을 알면서 죄를 짓는 자는 악행을 저지를 때 자연스럽게 제어가 된다. 그리고 죄책감에 사로잡히면 이를 그만두기도 한다. 하지만 죄라는 것을 모르고 죄를 짓는 자는 주저하지도 않고 반성도 하지 않고 당당하고 적극적 혹은 무제한적으로 해악을 저지르기 때문이다."

불교에서는 선한 사람이 행하는 악은 악인이 행하는 악과 비교할 수 없는 큰 악을 낳고 사람들을 지옥에 떨어뜨린다고 일깨운다.

그러니 따지고 보면 불교에서는 '몰랐던 것은 용서되지 않는다'. 오히려 '무지는 저지른 악행 그 자체보다 죄가 무겁다'고 말한다. 역사를 공부하다 보면 그 가르침의 정확성을 증명할 수 있다. 이 사실을 마음에 새겨야 한다.

유라시아 대륙의 동쪽 끝 중국과
서쪽 끝 유럽의 뜻밖의 공통점

🗡 시대와 함께 점점 격렬해지는 숙청

지금까지 짚어 온 숙청의 역사를 다시 한 번 대충 돌아보자.

중국에서는 건국의 공신을 대량 숙청하는 형태를 살펴봤다. 있는 힘을 다해 유방을 도운 일등공신이 잇따라 억울하게 멸족되어 가는 모습은 암담할 따름이다.

하지만 그 어떤 일등공신도 어차피 타인이다. 처참한 대숙청을 행한 유방조차 '유씨가 아닌 자가 왕이 되면 모두가 힘을 합쳐 그를 죽이라'고 유훈을 남긴 것으로도 알 수 있듯이 친족은 소중했다.*⁰¹

---

*01 먼 친척인 경우는 숙청할 수도 있다. 에컨대, 유방의 천하통일에서 빈세기 정도가 지나 일어난 오초칠국의 난에서는 반란군 대표격인 오왕은 경제와 5촌지간, 초왕은 6촌지간이었다.

그런데 한나라가 망하고, 위진남북조 시대를 거쳐 당나라가 되자 숙청의 대상은 피를 나눈 혈육으로까지 확대되었다. 친형제도 믿을 수 없고 조금이라도 혈육의 정에 끌려 주저하는 쪽이 오히려 죽는다. 눈썹 하나 까딱하지 않고 부모 형제를 죽일 수 있는 사람이 살아남는 살벌한 시대가 계속된다.

그러한 지나친 숙청에 대한 반동으로 송나라 태조 조광윤은 전혀 숙청을 하지 않았지만 이 때문에 역대 왕조 중에서 가장 약한 왕조가 되고 말았다. 그 후 정복 왕조 원나라를 거쳐, 오랜만에 한족 왕조인 명나라 시대에 들어서면서 초대 황제 주원장은 출신에 콤플렉스도 한 몫 했는지 중국 역사상 유례없는 숙청의 폭풍우가 세상을 흔들었다. 처음에는 공신 숙청*02으로 시작했지만 결국은 가족끼리 죽이는 골육 숙청*03으로 발전한다.

왕조를 지탱하는 엄선된 인재만도 십수만 명이 숙청을 당해 중국의 숙청사 가운데 그 누구도 이때를 당해 낼 수 없을 정도였다.

⚔ 인종차별을 하지 않던 중국인

그런데 중국의 숙청은 안정된 왕조를 구축하기 위한 정치적 판단으로서의 측면이 강할 뿐, 인종차별은 없었다. 인종차별 의식에서 숙청

---

*02 홍무 4대안을 가리키는 말이다.
*03 정난의 변을 가리킨다.

이 일어나는 일이 많은 유럽 국가와는 대조적으로 사실 한족*⁰⁴은 원래 서양인 같은 인종차별을 일삼지 않았다.

한족은 상대가 아무리 눈과 머리카락, 피부색이 다른 민족이라도 그 자체에는 무관심했다. 예컨대 견당사로서 당나라에 건너간 아베노 나카마로(阿倍仲麻呂)는 당나라의 과거 시험에 합격하여 도호부·절도사·대도독 등 높은 관직을 거친 후, 안남 도호의 벼슬에 임명되어 베트남을 다스렸다.

또한 절도사(군사 장관)가 되어 나중에 안녹산의 난(안사의 난)을 일으킨 안녹산(安綠山)은 소그드인(이란계)이었고, 청나라 때 궁중 화가로서 강희제·옹정제·건륭제 등 3대 황제 밑에서 벼슬을 한 카스틸리오네는 이탈리아인이었다.

중국에서는 이런 일은 드물지 않았다. 어떤 민족 출신이든 어떤 피부색이든 그 사람이 중국의 언어·복장·문자·풍속·종교·학문·습관을 받아들이기만 하면 아무런 차별도 하지 않고 받아주었다. 그 대신 중국 문명을 수용하지 않는 자에게는 심하게 대했다.

청나라 전성기 때는 영국에서 외교 사절*⁰⁵이 빈번하게 중국을 찾았다. 하지만 그들이 완고하게 중국식 예법*⁰⁶을 거부했기 때문에 "예의도 분별할 줄도 모르는 야만인!"이라고 마음속으로 깔보아 황제와 알

---

*04 여기에서는 옛 중국인 정도의 의미로 쓰였다. 한족을 어떻게 정의 내릴지에 대한 의견은 분분하다.

*05 제6대 건륭제 때 매카트니 백작이, 제7대 가경제 때 W·애머스트 백작이, 제8대 도광제 때 네이피어 제독이 각각 외교 사절로 청나라에 왔다.

현하는 일도 허용하지 않았다.*07

그들은 중국 문명을 최고로 여겼기 때문에, 그 이외의 문명을 내려다보고 중국 문명을 거절하는 사람을 야만인이라 경멸하고 차별했다. 요컨대 그들은 인종차별을 하지 않는 대신 문명차별을 하는 민족성을 지녔던 것이다.

🗡 시간이 흐를수록 숙청의 규모는 더 커지고 더 처참해진다

여기서 일단 시선을 유럽으로 옮겨 보겠다. 물론 유럽 국가에서도 숙청은 있었다. 하지만 중국과 달리, 인종차별 의식에서 비롯한 숙청이 일어나는 경우가 많았다.

그들이 숲속(유럽)에 틀어박혀 이민족과 접촉할 기회가 적었던 고대에는 인종차별이 표면화되는 일이 많지 않았다. 하지만 중세에 들어와 이슬람과 접촉하는 일이 많아지자 숨겨져 있던 차별 의식이 단번에 분출됐다. 그것이 십자군이나 재정복 같은 처참한 대숙청이 되어 나타났음을 우리는 이제 안다.

---

*06 삼궤구고두(三跪九叩頭)의 예(禮)를 가리킨다. 경의의 뜻으로 무릎을 꿇을 때마다 엎드려 세 번씩 3회(총 9회) 머리를 바닥에 대고 절하는 예법인데, 중국에서는 황제를 알현할 때는 누구든 예외 없이 이 예를 갖춰야 했다.
*07 사신 중 매카트니 백작만은 예외적으로 알현을 인정했다. 그것은 "예의가 없는 야만인이니까 용서해 줘라" 하고 건륭제가 특별히 허용한 것일 뿐, 업신여긴 사실 자체에는 변함이 없다.

게다가 근세에 들어 '3대 발명'을 손안에 넣자마자 전 세계적인 규모로 학살을 행하게 되어 그 처참함도 더 심했다.

원래 숙청이라는 것은 '제어봉이 없는 원자로'처럼 일단 폭주를 시작하면 막다른 곳에 도달하지 않는 한 멈출 줄 모른다. 하지만 거시적 관점으로 보면, 시대가 바뀌면서 숙청의 규모도 범위도 처참함도 점점 악화되어 갔다. 그런 점은 중국이나 유럽이나 마찬가지이다.

쌍두용이 비록 두 개의 머리로 먹이를 먹어도 하나의 위장에 들어가는 것처럼, 중국의 숙청과 유럽의 숙청도 출발점은 달라도 결국 하나로 합쳐졌다.

이제부터는 그로 인해 발생한 문제에 대해 살펴보도록 하겠다.

몽상가는 사회를 혼돈으로 유혹한다

앞서 다뤘듯이, 18세기 프랑스 부르봉 왕조 말에 계몽사상이 유럽 전역으로 확산되었고, 그것은 과격한 혁명사상이 되어 머릿속에서만 형이상학적으로 그린 이상을 현실로 만들기 위해 혁명을 일으켰다. 그 결과 1,000년 동안 프랑스를 지탱해 온 왕정을 깡그리 쓸어 버린 후 그 왕을 죽이고 공화국을 수립했다.

그 결과는 어떠했는가? 공화정을 수립한 것까지는 좋았으나 혁명 정부는 단지 음모와 배신의 소용돌이 속에서 피비린내 나는 권력 투쟁을 반복했을 뿐이다. 시민의 생활은 악화되는 한편 현실은 머릿속에서 생각한 대로 되지 않아 혁명정부는 현실과 이상의 틈에서 정신을 잃고 까무러쳤다.

그 정신을 잃은 가운데서 탄생한 것이 로베스피에르라는 독재자였다. 실컷 대숙청을 펼친 그를 단두대로 보내 고인으로 만들었지만, 곧 나폴레옹이라는 독재자가 나타나 혁명시대와는 비교가 되지 않을 만큼 많은 인명을 희생시켰다. 그 후 시민들이 절대주의 시대를 그리워할 정도로 혼란은 오랫동안 지속되었다.

그런데 이런 움직임이 100년 후 중국에서 고스란히 재현되었다. 청나라 말에 현실에서 눈을 돌리고 이상만 쫓는 몽상가 쑨원이 나타난 것이다. 그는 신해혁명을 일으켜 2,000년 동안 면면히 이어온 군주제(청나라)를 쓰러뜨리고 민주주의(중화민국)를 수립했다.

그 결과, 얼마 지나지 않아 독재자 위안스카이(袁世凱)가 나타났다. 그가 죽은 후에는 각지에 군벌이 난립해 오랫동안 혼란에 빠졌고 백성을 제정시대보다 심한 지옥으로 떨어뜨렸다.

국가 멸망의 과정은 다음과 같다.
① 이상사회를 꿈꿨던 이상가가
② 구 체제를 모두 부정하고 급격한 개혁을 강행한 결과,
③ 사회는 혼돈에 빠지고,
④ 구 체제보다 지독한 독재국가가 탄생한다.*08

이렇게 숙청이라는 관점에서 역사를 크게 조감해 보면, 각기 다른

역사를 걷던 중국과 유럽 국가가 근대를 경계로 서서히 보조를 맞추기 시작한다는 것을 알 수 있다.

⚔️ 종교에서 정치 이념으로

혁명은 처참한 학살과 수습할 수 없는 혼란을 초래한다. 하지만 여기서 중요한 사실은 쑨원도 로베스피에르도 악의가 있어 행한 일은 아니라는 것이다. 뿐만 아니라 모두가 옳다고 생각해 주었던 일이다.[09]

하지만 그것이 바로 문제이다.

우리는 이미 '악의 없는 악행'과 '선의의 악행'이 얼마나 죄가 무거운가[10]를 지켜봐 왔다. 그들이 저지른 일은 그 전형적인 예다. 그들은 자신이 하고 있는 일이 옳다고 믿었기 때문에 아무리 일이 잘 진행되지 않아도 절대로 물러서지 않고 돌진했다.

그럼 로베스피에르와 쑨원을 악의 없는 악행으로 돌진하게 한 원동력은 무엇이었을까? 그것은 바로 이데올로기이다. 사람은 마음이 약해, 뭔가 막강한 존재에 매달리지 않으면 정서가 불안정해지기 쉽다. 그래서 그런 약한 마음이 기댈 만한 존재로서 탄생한 것이 바로 신이다.

---

[08] 이를테면, 유럽과 중국은 다음과 같이 대응된다.
- 구체제: 부르봉 왕조 · 대청 제국
- 몽상가: 계몽사상가 · 쑨원
- 독재자 1: 로베스피에르 · 위안스카이
- 혁명: 프랑스혁명 · 신해혁명
- 이상 사회: 제1공화국 · 중화민국
- 독재자 2: 나폴레옹 · 군벌

[09] 그런 점 때문에 로베스피에르나 쑨원을 나쁘게 평가한 책은 거의 없다.

[10] 역사의 법칙 ⑭(p.226) 참조.

신이라는 존재에 대한 객관적 진실 여부를 떠나서, 종교가 국가의 유대나 사회의 안정제로서 효과가 있었음은 틀림없다. 고대 로마제국이, 그리고 프랑크 왕국과 신성로마제국이 그리스도교를 국교로 삼은 것도 그 점을 기대했기 때문이다. 나폴레옹 역시 다음과 같이 말한다.

"종교 없는 사회는 나침반 없는 배와 같다."

"나는 어떤 신도 어떤 종교도 믿지 않지만, 종교라는 것은 서민을 침묵시키기에 딱 좋은 속임수다."

하지만 유럽인은 그리스도교가 안정제로서의 역할을 맡아 줄 것을 기대하여 1,000년에 걸쳐 그리스도교의 시대(중세)*11를 돌진해 버린다.

역사의 법칙 ⑮

이점의 효용에만 눈을 빼앗겨 극단적으로 치달으면
그것이 지닌 결점이 기하급수적으로 증폭되어 파탄이 촉진된다.

하지만 만물은 예외 없이 장점과 단점을 둘 다 갖추고 있다. 장점의 효용에만 눈을 빼앗겨 극단적으로 치달으면 단점은 기하급수적으로 증폭되어 이점보다 결점 쪽이 부담스러워진다.

---

*11 태어나면 세례를 받고 신자가 되어, 세례명을 받는다. 자라면서 교회에서 교육을 받고 교회에서 결혼식을 올리고, 그리스도교식으로 축하한다. 아침에 일어나서부터 밤에 잠자리에 들 때까지 그리스도교의 가르침과 관습을 지키는 인생을 보내고 죽으면 교회에서 장례식을 치른다. 문화 활동 또한 문학을 한다면 종교 문학, 그림을 그리면 종교화, 조각을 새겨도 종교를 주제로 삼는다. 건축은 교회로 대표되며 인간 활동의 모든 것이 그리스도교 일색인 시대였다.

"비파의 현을 너무 세게 조이면 끊어지고
느슨하게 풀면 소리가 나지 않는다."

삼라만상에는 '중용'이 중요하다. 하지만 중세 유럽에서는 극단적으로 종교에 심취해 버린 결과, 그 반동으로 이번에는 인간의 이성에 초점을 맞춘 인문주의(휴머니즘)가 탄생한다.

하지만 이를 중시할 뿐이라면 좋지만 여기서도 유럽인은 극단적으로 치달아 이번에는 거기서 이성을 절대시하는 계몽사상이 탄생해 종교를 부정하기 시작한다. 그렇게 되면 종교를 대체하는 새로운 유대와 안정제가 필요하게 되는데, 그것이 바로 정치이념(이데올로기)이다. 계몽사상이 보급되면서 정치이념에 매달리는 사람이 나타나게 되었다.

하지만 유럽인의 민족성, '타인(이민족·이교도)을 인정하지 않고 학살한다'라는 근본은 그대로였기 때문에 자신이 믿는 정치이념에 반대하는 사람은 죄다 숙청하고 학살하여 더 처참한 상황을 만들었다.

✒ 혼돈 속에 출현한 괴물이 인민을 지옥으로 떨어뜨리다

게다가 숙청은 절대 그것만으로 끝나지 않는다. '절대 이성'을 내거는 계몽사상에서 사회주의라는 아이가 태어나, 역사에서 배우지도 않고 프랑스혁명의 전철을 그대로 밟아나간다. 그것은 러시아에서 폭발하고 정치 체제(군주제)뿐만 아니라 경제 체제(자본주의)까지 송두리째 부정하고 이를 일신(공화제&사회주의)해 버리는 어리석음으로 나타난다.

그 결과는 어떠했는가?

물론 그들의 희망대로 황제와 귀족들이 사라졌는지도 모른다. 하지만 그 대신에 레닌과 스탈린처럼 황제가 그리워질 정도의 괴물이 출현해 수천만의 사람들이 살해되었고, 노멘클라투라(착취를 일삼았던 구소련의 특권계급)라는 귀족에 뒤지지 않는 특권계급을 출현시켜 사람들을 지옥에 떨어뜨릴 뿐이었다.

중국도 유럽과 같은 길을 걸었다. 몽상가 쑨원(로베스피에르에 해당)이 만들어낸 혼돈, 그리고 혼돈 속에서 탄생한 괴물, 그것이 마오쩌둥(스탈린에 해당)이다.

마오쩌둥은 중국의 정치·경제·제도·법률·문화·풍습·전통·학문·가치관을 철저히 파괴해 버렸다. 인류 역사상 유례없는 규모로 학살과 파괴를 반복한 것을 이미 앞에서 살펴보았다.

마오쩌둥은 대단한 독서광으로 특히 역사서 등은 닥치는 대로 읽었다고 전해진다. 이런 사실을 가지고 마오쩌둥이 매우 교양 있는 사람인 것처럼 다루는 일도 있지만, 그를 교양인으로 보기는 어렵다. 앞에서도 언급했듯이, 독서량은 교양을 높일 수 있는 것이 아니기 때문이다.*12 마오쩌둥은 《논어》를 읽고도 《논어》를 모르는 전형적인 인간이었다. 마르크스와 레닌을 비롯해, 사회주의자들은 대개 엄청난 독서

---

*12 물론 교양 있는 사람 중에는 독서가인 경우가 많지만, 독서가라고 해서 교양 있는 것은 아니다. 교양을 높이기 위해서는, 읽은 책의 지식을 어떻게 하면 피와 살이 되게 하고, 실천 지식으로 삼느냐에 달려 있다.

가였고, 로베스피에르도 쑨원도 모두 독서가였다. 하지만 그들은 죄다 역사에서 배우지 않았다. 유럽 지역에서는 프랑스 혁명이, 중국에서는 신해혁명이 '급격한 개혁이 백성에게 행복을 가져다주는 일은 결코 없다'는 역사적 교훈을 남겼다. 그런데도 불구하고, 그들은 역사에서 배우지 않고 러시아 혁명과 문화대혁명에서 같은 잘못을 되풀이했다. 수천만 명의 목숨, 수억 명의 불행을 희생하면서 말이다.

> **숙청의 논리⑫**
>
> 자신을 교양인이라 착각한 독서가가, 자신이 옳다고 믿었던
> 정치이념에 따라 악행을 저질렀을 때 숙청은 대참사가 된다.

20세기 인류사상 공전의 대숙청이 곳곳에서 일어난 이유는 '자각 없는 무교양자×잘못된 정치이념×선의의 악행'이라는 불행이 겹쳤기 때문이었다.

인류 역사상 3대 숙청

레닌·스탈린·마오쩌둥 등 인류 역사상 3대 대숙청을 한 자들의 공통점은 모두 사회주의자라는 것이다. 사회주의자의 숙청에 비하면 그 '홍무 4대안'조차 사소한 사건으로 보일 정도이다. 머릿속 망상일 뿐 현실에서는 존재할 수 없는 이상사회를 추구한 결과가 이것이었다.

그들은 혁명을 일으키기 전에는 진심으로 이상사회 건설을 꿈꾸었

는지도 모른다. 하지만 막상 정권을 잡았을 때 이상사회는 그림의 떡에 불과했다는 현실에 봉착해 그저 잘못을 숨기기 위해 공포정치로 치달았다. 그것이 인류의 숙청 기록을 경신하는 결과를 낳았다.

그 앞에 기다리는 것은 파멸이다. 소련은 러시아 혁명이 일어난 지 74년 만에 붕괴되었다. 소련을 본보기로 삼고 소련을 모방해 국가를 건설해 온 중국도 이제 곧 '74세'를 맞는다.

약육강식이 아닌 적자생존, 21세기에는 새로운 시대에 적응하는 자만이 살아남는다!

🗡 민주적인 전투 민족의 탄생

마무리로 '왜 유럽과 중국은 이처럼 비슷한 전개를 보이는가'에 대해 고찰해 보기로 한다. 그 점에는 그들의 민족성이 깊이 관련되어 있을 테지만 유럽인은 유라시아 대륙의 서쪽 끝에 생겨난 수렵민족이고, 중국인들은 그 동쪽 끝에 생겨난 농경민족이다. 거리적으로도 멀리 떨어져 있고 경제 기반도 달라 얼핏 보면 아무런 접점도 없을 것 같은 두 문화권·두 민족이 어째서 비슷한 움직임을 보이는 것일까?그 답을 찾으려면 유럽인과 중국인이 어떻게 형성됐는지 살펴보아야 한다.

원래 현재의 유럽인은 지금부터 4,000년 전까지 폰투스·카스피해 초원*에서 수천 년 동안 유목 생활을 하던 민족이다. 유목민의 삶은 여간 힘든 것이 아니다. 이 지역은 연중 강수량이 적기 때문에 농경에 적합하지 않다. 거기다 짐승이 살 수 있는 울창한 숲도 없기 때문에 사냥도 못하고, 임업도 할 수 없다. 그리고 근처에 바다도 없기 때문에 물고기도 잡을 수 없다. 주위에 있는 것은 그저 눈앞에 끝없이 펼쳐진 초원뿐이다.

사람이 살아가기에는 매우 열악한 환경이다. 농업은커녕 임업도 사냥도 어업도 할 수 없다면, 그들은 어떻게 생계를 꾸려갔을까. 거기에 사는 백성은 좋든 싫든 가축에게 풀을 먹여 그 젖과 고기로 연명하는 것 외에는 살아갈 방법이 없었을 것이다. 하지만 목축만으로는 어렵다. 강우량이 너무 적어 가축을 방목하면 금세 주변의 초원이 사라져 버리니, 새로운 목초지를 찾아 이동을 해야만 하는 유목민이 될 수밖에 없다. 이동 생활을 하면 문명을 일굴 수도, 제대로 된 건물에 살 수도 없다. 텐트 생활을 해야 하기 때문이다. 텐트 생활은 살기에도 좋지 않을 뿐더러 낮에는 덥고 밤에는 춥다. 제한된 목초지를 둘러싸고도 다툼이 끊임없이 일어난다.

기후와 기타 환경이 안정되어 있을 때는 상황이 낫지만, 균형이 조금이라도 깨지면 순식간에 처참한 생존을 건 전쟁이 빈발하게 된다. 전쟁에 패하면 여자는 첩이 되고 남자는 몰살*02되든가 노예가 된다.

---

*01 흑해 북쪽에서 카스피해 북쪽 연안에 펼쳐진 초원 지대로 유라시아 스텝(초원) 지대 서쪽을 일컫는다. 유라시아 스텝의 동부에 있는 것이 몽골 고원, 그 한가운데 있는 것이 카자흐 초원이다.

*02 전쟁이 일어날 때는 대부분 굶주리기 때문에 적의 부족을 살려 둘 경제적 여유가 없어 딱히 다른 대안이 없기 때문이다.

패배는 죽음과 직결하기 때문에 다음 세대에 유전자를 남길 수 있는 것은 승자뿐이다. 이렇게 '강한 자만이 살아남을 수 있다'는 역사를 수천 년 동안 되풀이해 온 그들의 정신 속에 필연적으로 씻어 낼 수 없는 하나의 가치관이 깊이 새겨졌다.

"힘이 곧 정의!"

이렇게 전투 민족이 만들어졌다. 하지만 전투 민족이라는 이미지와는 정반대로, 그들의 사회에서 막강한 권력을 지닌 전제군주는 나타나지 않았다. 순간의 오판이 부족 전멸로 연결될 수 있는 열악한 환경에 처해 있고, 단 한 사람의 전제군주에게 모든 판단을 맡겨서는 살아남을 수 없기 때문이다. 따라서 유럽에서는 무슨 일이든 성년 남자가 모여 논의하는 민주제도가 발전해 갔다.

🗡 유럽인의 성립

가혹한 자연 환경 속에서 자란 민주적 전투 민족은 기원전 20세기 유라시아 대륙에 한랭화가 덮쳐 급속히 초원이 소실되고 기아가 덮치자 이윽고 오래 살아 정든 폰투스·카스피해 초원을 단념하는 부족도 나타나게 되었다. 그 가운데 서쪽으로 이동하여 현재 유럽 반도*03에 정착한 사람들이 현재의 유럽인이다.

---

*03 일반적으로 유럽 대륙이라고 한다. 하지만 이것은 자신들이 사는 땅을 과장하는 유럽인의 자칭일 뿐, 지질학적·지리학적으로 보면 유럽은 반도이다.

그들이 새롭게 정착한 유럽 지역은 지금까지 살았던 초원 지대와는 달리 습한 기후로 계속 이어지는 울창한 숲이었다. 숲이 있으면 사냥도 할 수 있다. 비가 내리면 농사도 지을 수 있다. 함께 데려온 가축을 방목해도 풀은 계속해서 자라기 때문에 다른 곳으로 이동하는 생활을 할 필요도 없다.

초원에서 숲으로 이주한 그들은 수렵과 목축을 중심으로 누경(耨耕)*04도 하게 되어, 생활양식이 크게 변했다. 하지만 아무리 환경이 달라지고 생활양식이 변해도 오랜 기간 축적되어 온 행동양식과 수천 년에 걸쳐 새겨진 민족성은 조금도 변하지 않았다. 농경이 시작되었다고는 해도, 역시 그들에게는 이마에 땀을 흘리며 일하는 것은 피부(민족성)에 맞지 않았다.*05

그들은 이마에 땀을 흘리며 일할 수밖에 없는 농경이 피부에 맞지 않아 농경 사회에서 멀어져 간 자들의 후예이기 때문이다.

"딱히 우리가 일하지 않아도 원하는 것이 있으면

빼앗으면 되는 것 아닌가.

---

*04 관개 시설을 만들거나 비료도 주지 않는 가장 원시적인 경작법이다.
*05 그들은 기본적으로 일하는 건 노예가 하는 것이고 노동은 고역이라는 가치관을 지녔다. 그것은 고대에서 현대에 이르기까지 변함이 없다. 물론 그들도 이마에 땀을 흘리며 일하는 일도 있으나 이것은 어디까지나 마지못해 하는 일이라서, 노동을 '기쁨'이나 '즐거움'이라고 생각하는 가치관을 갖는 일은 거의 없다.
그들이 일하는 것은 '살기 위해', '바캉스 자금을 마련하기 위해', '노후를 안락하게 보내기 위해서'일 뿐이어서, 정년 후 연금으로 살기 위해 보람을 느끼며 일하는 사람은 거의 없다.

노동을 꼭 해야 한다면 노예에게 시키면 된다."

이러한 가치관을 지닌 이들에게 '약탈'은 나쁜 일이 아니다. 농민이 하는 노동처럼 살아가는 데 필요한 양식을 얻기 위한 정당한 경제활동이라 아무런 죄책감이 수반되지 않는다.

또한 유목민은 수천 년 동안 눈앞에 펼쳐져 있는 자원(초원)을 다 먹어치우고는 다음의 자원(초원)을 찾아 이동하고, 그것을 다 먹어치우면 또다시 이동하는 생활을 끝없이 반복해 온 민족이다. 때문에 그들에게 주위에 있는 자원은 모두 먹어치우는 것이지 키우는 것이라는 발상이 없다.

근대에 들어(16~19세기) 그들은 아시아와 아프리카 지역에 침범해 와서는, 엄청난 파괴와 약탈과 잔인한 학살을 자행했다. 그곳에 사는 사람들을 노예로 만들고, 수탈하는 데 아무런 죄책감도 갖고 않았던 것도, 그 나라의 자원을 다 먹어치우고는 또 다른 식민지로 끝없이 펼쳐 나간 것도 모두 이러한 역사적 배경에서 생긴 그들의 민족성과 가치관 때문이지, 그들이 잔인한 야만인이기 때문이 아니다.

🗡 농경민족의 민족성

농경민족의 가치관이나 행동양식은 유목민과는 전혀 다르다. 농경민족은 가난에서 빠져 나올 수 없는 '획득 경제'를 선택하지 않고, 힘든 노동은 피할 수 없지만 일하면 일한 만큼 풍요로움을 누릴 수 있는

'생산 경제'의 길을 선택한 사람들의 후예이다.*06

농지라는 것은 손을 대면 댈수록 풍작이라는 자연의 혜택이 되돌아오기 때문에 그들에게 자원이란 '기르는 것'이지 다 먹어치우는 것이 아니다.*07 따라서 스스로 이마에 땀을 흘리며 일하는 것이 미덕이어서, 사람이 땀 흘려 생산한 것을 약탈하는 것은 악이라는 가치관이 생긴다. 노동을 노예가 하는 일로 멸시하고 약탈을 정당한 경제 활동이라고 여기는 유목민과는 완전히 반대되는 가치 체계를 지니고 있는 것이다. 농업은 단체 노동을 해야 하기 때문에 개인 행동이 허용되지 않고, 화합을 중요시하는 기풍이 생긴다.

농경으로 살아가기 위해서는 자연을 거스르며 살아갈 수는 없다. 그렇기 때문에 화합을 중요시하는 기풍은 인간관계뿐만 아니라 자연에 대해서도 조화를 중시하는 문화가 생겨난다. 일제히 노동을 하기 위해서는 막강한 권력을 지닌 왕의 명령 아래 움직이는 편이 훨씬 효율이 좋기 때문에 전제군주가 생긴다. 이와 같이 유목민과 농경민족은 그 생활양식이나 행동양식뿐 아니라 정치사상도 크게 다르다.

---

*06 획득 경제란 채집, 사냥, 어로 등 자연에 있는 것 그대로를 살아가는 데 필요한 양식으로 이용하는 경제를 말한다.
　　생산 경제란 농경이나 목축 등 자연계에 있는 것을 인공적으로 기르고 재배하고 늘려 생계에 필요한 양식으로 이용하는 경제를 말한다.
*07 여기까지 읽은 독자 여러분은 2장에서 언급한, 영화 〈매트릭스〉의 스미스 요원의 말에 치명적인 오류가 있음을 알았을 것이다. 가는 곳마다 자원을 거덜낼 때까지 증식하는 것은 인류가 아니라 서양인이다. 농경민으로서의 민족성을 지닌 민족은 자연과 조화를 이루면서 살아가기 때문이다.

🗡 한족은 오랑캐의 혼혈

이렇게 유목민과 농경민의 민족성을 대조해 보면 유럽인은 전형적인 유목민과 수렵민의 특성을 갖추고 있다. 그렇다면 중국인은 어느 쪽에 속할까?

본디 한족은 화산(華山)*08을 중심으로 하는 중원(中原)*09에서 피와 조를 경작하는 농경민족이다. 하지만 실제 그들의 특성은 농경민 같으면서도 유목민 같기도 하고, 때로 수렵민의 특성도 엿볼 수 있다. 그만큼 복잡한 민족성을 갖고 있어 단순히 농경민족이라고 규정 짓기에는 위화감이 느껴진다.

그 이유는 뭘까?

원래 '한족'이라는 말이 생겨나기 오래 전, 예컨대 우하(虞夏)시대*10는 그들 스스로를 화(華)*11라고 칭했다. 그리고 그 동쪽에 사는 사람을 이(夷), 북쪽에 사는 사람을 적(狄), 남쪽에 사는 사람을 만(蠻), 서쪽에 사는 사람을 융(戎)이라고 낮춰 불렀다.

---

*08 웨이수이(渭水)가 황하에 합류하는 곳에 있는 해발 2,000m 산으로, '화족(華族)', '중화(中華)'의 어원이 된 산이다.

*09 현재 서안을 중심으로 하는 웨이수이(渭水)에서 낙양(洛陽)을 중심으로 황하 중류 일대를 가리킨다.

*10 현재 확인할 수 있는 가장 오래된 왕조인 은(殷) 왕조보다 오래된 시대를 가리킨다.

*11 태고는 화족이라 부르고, 은(殷)나라, 주나라 무렵에는 화하족(華夏族)이라고 부르다가 한나라 이후 '한족'이라는 명칭이 정착했다.

- 이(夷)…산둥(山東) 일대에 살던 어로민(漁撈民)

- 융(戎)…간쑤(甘肅) 일대에 살던 유목민

- 만(蠻)…창장(長江) 일대에 살던 농경민(중원과는 달리 벼농사 중심)

- 적(狄)…허베이(河北) 일대에 살고 있던 수렵민

이적만융, 즉 오랑캐는 속속 중원에 모이게 되지만, 그것은 중원의 선진 문명을 동경했기 때문도, 그 희귀한 산물에 끌렸기 때문도 아니다.*12 다만 어로·유목·농경·수렵을 생업으로 하는 그들이 각 산물을 들고 모여 시장을 여는 장소로서 지리적으로 중간에 위치한 중원이 적합했기 때문이었다.

중원에는 잡다한 민족이 모여 다양한 산물을 교류했기 때문에 중원에 살던 화하족은 자연히 장사에 몰입하게 되었다. 이렇게 해서 이 땅에서 탄생한 최초의 왕조가 상(商)*13이다. '이름은 몸을 잘 표현한다'고 흔히 말하는데, 그들이 농업이 아닌 상업으로 부흥한 것을 암시한다.

말이 다른 이민족이 뒤섞여 장사를 하게 되면 아무래도 서로의 의사소통을 위해, 또한 매매 기록을 남겨둘 필요가 있기 때문에 문자가 불가결하다.

＊12 당시 중원은 선진 문명을 자랑한 것도 아니고, 또한 피와 조를 재배할 정도로 자랑스러운 산물도 없었다. 그렇다면 만(蛮)의 특산물인 쌀이 훨씬 상품 가치가 높은 것이었다.

＊13 일반적으로 은(殷)이라는 이름으로 전해지는 왕조이다. 은이라는 명칭은 후에 주(周)나라가 붙인 멸칭이며, 어디까지나 자칭은 '상(商)'이었다. 다만, 이 점에 대해서는 여러 가지 설이 있다.

그 점을 고려하면, 중국 역사상 처음으로 한자(갑골문자)가 생겨난 것도 이 상왕조였던 점을 생각하면 쉽게 이해할 수 있을 것이다. 그리고 이민족 교류가 계속될 경우 혼혈이 진행되는 것은 피하기 어려워 이윽고 섞이게 되는데, 이 혼혈 민족을 한족이라고 부르게 되었다.

그렇게 형성된 한족은 그 외부 세계를 오랑캐라고 부르게 되고, 그 민족이 또한 혼혈되자 그 외부 세계도 오랑캐라고 불렀다. 이렇게 해서 현재와 같은 광범위에 걸친 한족이 형성된 것이지, 한족이라는 순수 혈통은 어디에도 존재하지 않는다. 그들은 단순히 오랑캐의 혼혈에 지나지 않는다.

이제 그들이 인종차별을 하지 않는 대신 문화차별을 하는 수수께끼가 풀렸다. 그들이 농경민 같으면서도 유목민 같기도 하고, 때로는 수렵민 같기도 한 종잡을 수 없는 복잡한 민족성을 보이는 이유, 그들의 민족성의 특성은 모두 이러한 역사적 배경에 의한 것이었다.

🗡 실은 형제였던 유럽인과 중국인

요컨대, 원래 유라시아 대륙의 중앙을 동서로 가로지르는 초원 지대 서쪽에 사는 유목민이 더 서쪽으로 이동해 서쪽의 반도(유럽)에 거주한 것이 유럽인이고, 동쪽에 사는 유목민이 화하족과 혼혈이 되어 한족이 된 것이다.

말하자면 한족과 유럽인은 형제 관계다. 자연 환경의 영향으로 피부색이나 체형은 달라졌어도 그 민족성이 비슷하다는 것은 이러한 역사적 배경이 있기 때문이다.

유럽과 중국, 이 동떨어진 지역에 나타난 두 민족이 시대의 변천과 함께 서서히 보조를 맞추기 시작한 것도 그들이 형제였기 때문이다.

그럼 그 미래에는 무엇이 기다리고 있는 것일까?

중국은 현재 시진핑이 독재의 길을 달리고 있음을 이미 제3장에서 살펴보았다. 그렇다면 형제 민족인 유럽도 또한 쇠망으로 향하고 있는 것일까? 현재 EU(유럽연합)의 상황에 대해 학자와 분석가들이 기탄없이 미래를 예측하고 있다. 하지만 박식한 그들의 예측이 늘 '맞는 수도 있고 안 맞는 수도 있는' 범위를 벗어나지 못하는 것은 아는 것이 너무 많은 그들이 하찮은 일에 눈을 빼앗긴 나머지 대세를 보지 못하기 때문이나. 그들은 내하의 흐름을 예측할 때도 눈앞의 물 한 방울을 논한다.

사물의 본질을 파악하고 싶을 때는 한두 걸음 떨어져 넓고 얕게 보는 것도 중요하다. 그래서 보다 자세한 학술적인 이론은 학자에게 맡기기로 하고 이 책에서는 더 넓은 시야를 갖고 유럽의 미래를 내다보기로 하겠다.

⚔ 시대에 부응하는 자만이 살아남는 법

18~19세기 유럽이 세계 패권을 장악할 수 있었던 것은 그들이 자화자찬하는 것처럼 유럽인이 뛰어난 민족이어서[*14]가 아니다.

예컨대 얼마 전까지만 해도 '구인류'[*15]가 진화상 열등했기 때문에 우수한 진화를 이룬 호모사피엔스(신인류)로 구축되었다'는 것이 학계의 정설이었다. 하지만 연구가 진행될수록 네안데르탈인이 뇌 용량은 더 크고[*16] 기골이 장대해 전투 능력이 뛰어난 것으로 알려졌다. 두뇌로 보나 힘으로 보나 호모사피엔스보다 네안데르탈인이 뛰어났음에도 실제로 지구에서 자취를 감춘 것은 네안데르탈인이었다.

왜일까? 네안데르탈인은 몸집이 큰 체구를 유지하기 위해 많은 음식이 필요했을 것이다. 풍부한 음식을 조달할 수 있는 온난한 기후에 적합한 인류였기 때문이다. 게다가 마지막 빙하기인 뷔름기가 시작됐기 때문에 충분한 식량을 확보할 수 없게 되자 잠시도 버티지 못하고 멸종해 버린 것이다. 이것은 중생대에 번성한 공룡을 방불케 한다. 하지만 공룡도 사실은 몸의 구조가 중생대의 지구 환경에 적응했을 뿐이다.

[*14] 유럽인들은 사사건건 히틀러를 비난한다. 그런데 이러한 우성론은 《나의 투쟁》 속에서 히틀러가 주장한 "유라시아가 가장 우수한 민족"이라는 인종차별 사상과 맥을 같이 한다.

[*15] 현재 구인류라고 할 수 있는 것은 네안데르탈인뿐이다. 얼마 전까지는 구인류로 보았던 원시 인류(하이델베르그인·솔로인·로디지이인·상동인(上洞人) 등)를 현재는 모두 원인류·신인류로 분류하고 있다.

[*16] 뇌 용적이 크다고 반드시 머리가 좋다고는 할 수 없으나, 판단 기준의 하나이긴 하다.

이와 같이 환경의 변화에서 탈락한 자는 어떤 강자든 금세 멸종한다. 이러한 사실은 우리에게 하나의 진실을 말해 준다.

역사의 법칙 ⑯

강한 자, 뛰어난 자가 살아남는 것이 아니다.
'환경에 적응한 자'와 '유연성 있는 자'가 살아남는다.

생존의 절대 법칙은 약육강식*17이 아닌 적자생존*18이다. 그것은 '종'이나 '국가', 그리고 '개인'도 마찬가지다.

현재 세계는 바야흐로 시대의 전환기를 맞고 있다. 21세기를 살아남을 수 있는 사람은 지금 현재 승자 그룹에 속한 사람(강자)이 아니라 급속하게 변모하는 새로운 시대를 재빨리 이해하고 이에 적응하는 사람(적응한 자)이다.

중생대 말기의 공룡, 마지막 빙하기의 네안데르탈인이 되고 싶지 않다면 우리는 늘 안테나를 세우고, 이 시대에 순응하는 힘을 길러야 한다.

＊17 당나라의 문인 한유(韓愈)가 한 말로, '약한 짐승은 강한 짐승에게 잡아먹힌다'는 뜻이다. 하지만 '그에 비해 인간은 유교적 가치관에 의해 질서가 유지되고 있다'고 하는 흐름 속에서 한 말이다.
＊18 이것은 국가에도 통하는 법칙이다. 역사의 법칙 ⑧, 역사의 법칙 ⑨(p.126) 참조.

🗡 유럽은 시대에 뒤떨어진 공룡

하지만 18~19세기에 유럽이 패권을 거머쥐었던 것은 '강자'였기 때문도 '우등 인종'이었기 때문도 아니다. 단지 무력이 통하는 시대(제국주의 시대)였기 때문이다. "이단자는 숙청하라"는 그들의 도그마와 전투 민족으로서의 민족성이 시대와 딱 맞아떨어졌을 뿐이다.

하지만 시대는 변했다. 인터넷이 보급되면서 구텐베르크가 활판 인쇄술을 발명한 이래, '지식정보의 해방'을 맞았다. 이제 무력이 언론 앞에 굴복하는 시대가 된 것이다.

그렇게 되면 전투 민족은 공룡, 네안데르탈인이 그랬던 것처럼 먼 미래 다시 무력이 통하는 시대가 도래하는 날까지 그들은 역사의 무대에서 사라지게 될 것이다. 공교롭게도 프랑스 정치인 막시밀리안 이스나르*¹⁹의 말이 현실성 있게 다가온다.

"이윽고 세느강 기슭에 파리가 있었는지 찾아야 하는 날이 올 것이다."

---

*19 18세기 프랑스 혁명기의 지롱드파 의원. 국민공회 의장을 지냈다. 이 발언 때문에 로베스피에르의 추궁을 받아 실각했다. 하지만 공포정치 중에서도 교묘하게 살아남아 로베스피에르가 죽은 후에는 총재 정부에서 의원으로 복귀했다. 더욱 루이 16세 처형에 찬성표를 던졌으면서도 왕정복고 후에는 왕당파로 전환해 국왕 처형 찬성파 추방령에서 벗어나 결국 천수를 다했다. 처세에 능한 정치가의 표본이다.

⚔ 마지막으로

일본인은 메이지 이후 서구 열강을 '이상'으로 여기고 이를 모방하고 그들에게 배웠다. 하지만 그것도 지금은 옛이야기가 되었다. 시대의 흐름을 이해하지 못하고, 아직도 그 망령에 사로잡힌 사람도 있다.

그들 왈, "유럽에서는 그렇게 하지 않는다."

그들 왈, "미국에서는 그게 상식이다."

사사건건 '서구=절대 정의'라는 대전제에 입각한 발언을 일삼는 무리가 끊이지 않고 있다.

하지만 이 책에서 '숙청'을 통해 배웠듯이 서양인도 중국인도 '적은 일단 몰살시킨다'. 그들은 '망설이는 쪽이 당한다'고 하는 세계관 속에서 살아남은 사민족의 후예이다.

그래도 지금까지 필사적으로 서구에 배우려고 한 것은 19세기가 그들의 가치관이 세계를 석권한 시대(제국주의)였기 때문이다. 21세기 새로운 시대에는 한때 표본이었던 서구도, 중국도 시대의 적응자에서 탈락한 과거의 유물이 되었다.

돌이켜 보면 19세기 중반, 우리는 수천 년 동안 늘 스승이라며 우러러본 중국(당시 청나라)이 더 이상 스승이 아님을 깨달아 새로운 시대를 맞이할 수 있었다.

그리고 지금, 우리는 한시라도 빨리 지금까지 스승이라고 우러러보던 존재가 더 이상 스승이 아님을 깨닫고 외국인을 대하는 방식을 재고할 때가 왔다.

그럼 본받아야 할 새로운 스승은 누구인가? 그것은 밖에서 찾을 것이 아니라 안에서 찾아야 할지도 모른다. 요컨대 우리의 먼 조상이 이루어낸 온고지신(溫故知新) 문화에서 말이다.

숙청으로 보는 세계사

2020. 2. 6. 초 판 1쇄 인쇄
2020. 2. 13. 초 판 1쇄 발행

지은이 | 진노 마사후미
옮긴이 | 김선숙
펴낸이 | 이종춘
펴낸곳 | **BM** (주)도서출판 **성안당**
주소 | 04032 서울시 마포구 양화로 127 첨단빌딩 3층(출판기획 R&D 센터)
| 10881 경기도 파주시 문발로 112 출판문화정보산업단지(제작 및 물류)
전화 | 02) 3142-0036
| 031) 950-6300
팩스 | 031) 955-0510
등록 | 1973. 2. 1. 제406-2005-000046호
출판사 홈페이지 | www.cyber.co.kr
ISBN | 978-89-315-8815-6 (13900)
정가 | 15,000원

이 책을 만든 사람들
기획 | 최옥현
진행 | 김해영
교정 · 교열 | 홍희정
본문 디자인 | 김인환
표지 디자인 | 이종헌
홍보 | 김계향
국제부 | 이선민, 조혜란, 김혜숙
마케팅 | 구본철, 차정욱, 나진호, 이동후, 강호묵
제작 | 김유석

■ 도서 A/S 안내

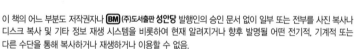

성안당에서 발행하는 모든 도서는 저자와 출판사, 그리고 독자가 함께 만들어 나갑니다.
좋은 책을 펴내기 위해 많은 노력을 기울이고 있습니다. 혹시라도 내용상의 오류나 오탈자 등이
발견되면 **"좋은 책은 나라의 보배"**로서 우리 모두가 함께 만들어 간다는 마음으로 연락주시기
바랍니다. 수정 보완하여 더 나은 책이 되도록 최선을 다하겠습니다.
성안당은 늘 독자 여러분들의 소중한 의견을 기다리고 있습니다. 좋은 의견을 보내주시는 분께는
성안당 쇼핑몰의 포인트(3,000포인트)를 적립해 드립니다.
잘못 만들어진 책이나 부록 등이 파손된 경우에는 교환해 드립니다.